教育部人文社会科学研究一般项目（10YJC6

“十二五”辽宁省重点图书出版规划项目

三友会计论丛 SUNYO ACADEMIC SERIES IN ACCOUNTING

第14辑

我国证券市场会计师事务所合并绩效与整合研究

邓川◉著

PERFORMANCE AND INTEGRATION OF ACCOUNTING FIRM MERGER IN CHINESE SECURITIES MARKET

东北财经大学出版社
Dongbei University of Finance & Economics Press
大连

图书在版编目（CIP）数据

我国证券市场会计师事务所合并绩效与整合研究 / 邓川著 .
—大连：东北财经大学出版社，2013. 12
（三友会计论丛·第 14 辑）
ISBN 978-7-5654-1395-7

Ⅰ. 我… Ⅱ. 邓… Ⅲ. 证券市场-会计师事务所-企业绩效-管理-研究-中国 Ⅳ. F233. 2

中国版本图书馆 CIP 数据核字（2013）第 298756 号

东北财经大学出版社出版
（大连市黑石礁尖山街 217 号 邮政编码 116025）
教学支持：（0411）84710309
营 销 部：（0411）84710711
总 编 室：（0411）84710523
网 址：http：//www. dufep. cn
读者信箱：dufep @ dufe. edu. cn
大连图腾彩色印刷有限公司印刷 东北财经大学出版社发行

幅面尺寸：148mm×210mm 字数：183 千字 印张：7 1/4
2013 年 12 月第 1 版 2013 年 12 月第 1 次印刷

责任编辑：李智慧 李 栋 责任校对：刘 洋
封面设计：冀贵收 版式设计：钟福建

ISBN 978-7-5654-1395-7
定价：28. 00 元

本书是教育部人文社会科学研究一般项目“我国证券审计机构合并的绩效、市场反应与激励整合研究”（批准号：10YJC630038）最终研究成果。

作者简介

邓川，男，1973 年生，四川达县人。2007 年中南财经大学管理学博士研究生毕业。现为浙江财经大学副教授，会计学院副院长，校中青年学科带头人，硕士生导师，上海财经大学兼职硕士生导师，财政部会计学术类领军（后备）人才，浙江省“新世纪 151 人才工程”培养对象。中国会计学会财务成本分会理事，浙江审计学会理事，中国会计学会会员，注册会计师（非执业）。曾在《会计研究》、《审计研究》、《中国工业经济》等核心刊物发表论文 30 余篇，主持教育部、财政部、浙江省社科等省部级课题 4 项，专著 3 部。近期主要研究方向是证券市场会计师事务所合并、会计师事务所内部治理等。

出版者的话

随着我国以社会主义市场经济体制为取向的会计改革与发展的不断深入，会计基础理论研究的薄弱和滞后已经产生了越来越明显的“瓶颈”效应。这对于广大会计研究人员而言，既是严峻的挑战，又是难得的机遇。说它是“挑战”，主要是强调相关理论研究的紧迫性和艰巨性，因为许多实践问题急需相应的理论指导，而这些实践和理论在我国又都是新生的，没有现成的经验和理论可资借鉴；说它是“机遇”，主要是强调在经济体制转轨的特定时期，往往最有可能出现“百花齐放，百家争鸣”的昌明景象，步入“名家辈出，名作纷呈”的理论研究繁荣期和活跃期。

迎接“挑战”，抓住“机遇”，是每一个中国会计改革与发展的参与者和支持者义不容辞的责任。为此，我们与中国会计学会财务成本分会、东北财经大学会计学院联合创办了一个非营利的学术研究机构——三友会计研究所，力求实现学术团体、教学单位、出版机构三方的优势互补，密切联系老、中、青三代会计工作者，发挥理论界、实务界、教育界三方面的积极性，致力于会计、财务、审计三个领域的科学研究和专业服务，以期为我国的会计改革与发展作出应有的贡献。

三友会计研究所的重大行动之一就是设立了“三友会计著作基金”，用于资助出版“三友会计论丛”。它旨在荟萃名人力作及新人佳作，传播会计、财务、审计研究与实践的最新成果与动态。自 1997 年起，本论丛定期遴选并分辑推出。

采取这种多方联合、协同运作的方法，如此大规模地遴选、出版会计著作，在国内尚属首次，其艰难程度不言而喻。为此，我们殷切地希望广大会计界同仁给予热情支持和扶助，无论作为作者、读者，还是作为评论者、建议者，您的付出都将激励我们把“三友会计论丛”的出版工作坚持下去，越做越好！

东北财经大学出版社

三友会计论丛编审委员会

前 言

证券市场的发展有助于实现社会资源的优化配置，而审计对于维护证券市场信息披露的公平、公开和透明，提高投资者的信心至关重要。长期以来，一方面我国证券市场审计行业集中度低，恶性竞争频现，审计质量欠佳；另一方面，随着我国经济的快速发展，企业规模不断扩大，跨国经营和跨国投融资日益频繁，这都迫切需要我国审计行业做大做强，更好地为企业提供专业支持。此外，摆脱对国际审计机构的依赖，发展我国自己的审计机构，也关乎国家的经济机密。

我国审计行业起步较晚，难以在短期内凭借自身发展形成具有核心竞争力的大型会计师事务所，因此合并是会计师事务所做大做强的重要途径。近年来，我国会计师事务所在监管部门的引导下出现了新一轮合并浪潮，并且预期将持续相当长的时间。从理论上看，会计师事务所合并有助于实现规模经济和范围经济，提高审计独立性。然而另一方面，我国也出现了一些合并失败的案例。例如，2001 年合并浪潮中规模最大的中天勤会计师事务所后来因违规被解散。同时，也出现了不少合并后又终止合并或分立的案例，如 2007 年东方中汇会计师事务所的分立、2009 年华普天健高商会计师事务所的分立。还有部分事务所在两年内就进行了多次合并，事务所合并速度之快令人惊叹！

本轮事务所合并的效果到底如何？是否真正实现了做大做强？合并的主要动机是什么？事务所在合并初期应关注哪些风险？合并后应该在哪些方面进行整合以确保合并成功？这些问题已经引起监管部门、职业界和社会公众的广泛关注。为此，本书立足于 2006 年开始的这轮合并浪潮，结合理论分析、案例分析和实证检验，对我国会计师事务所的合并绩效、合并初期的调查分析以及合并后的整合进行深入的研究。希望本书的研究能为我国行业监管部门加强监管和引导，为会计师事务所自身持续发展壮大提供政策建议，促进我国资本市场的健康发展。

本书首先基于2006—2009年我国证券市场上会计师事务所之间的合并案例，以合并后未发生事务所变更的公司为样本，从合并对审计质量和审计收费的影响，以及我国证券市场对事务所合并的反应等角度，分析了合并的绩效。研究发现：（1）市场对事务所合并做出了显著的正面反应，大型会计师事务所（简称大所）更为突出，表明事务所合并得到了市场的认可。（2）合并导致事务所整体审计收费上升，但进一步区分大小所，以及区分事务所在合并后是否进入内资“十大”后发现，合并后进入前十的大所的审计收费上升，而小型会计师事务所（简称小所）没有显著变化。（3）以操纵性应计利润衡量审计质量，发现事务所合并没有显著提高公司的审计质量。

考虑到上述实证研究的样本选择特点，上述关于审计质量的研究结果还有一种解释是：在合并后，盈余管理程度低或未来盈余管理动机较低的客户可能留在了合并后的事务所，而未来盈余管理动机高的客户由于预料到合并后事务所的审计要求更加严格，因此变更了事务所。如果事实如此，那么仍然可以认为合并的效果是积极的。因此，本书选择合并前为内资“非十大”、在合并后成为内资“十大”事务所的合并案例，分析合并前该“非十大”的客户发生事务所变更的原因，包括检验客户盈余管理动机、事务所风险管理动机、客户成长需求动机、客户融资动机、客户降低审计成本动机等。研究发现：（1）合并后客户发生事务所变更的原因更可能是由于客户希望规避审计质量的提高，而不是为了节约审计费用。这可以理解为未来盈余管理动机高的客户由于预料到合并后事务所的审计要求更加严格，因此变更了事务所。（2）合并促使会计师事务所加强了审计质量控制，对高风险客户的选择采取了更谨慎的态度，因此仍然可以认为合并的效果是积极的。（3）未发生审计师变更的客户情况表明，在我国，上市公司审计需求在一定程度上表现为成长性需求和融资需求，即公司规模变大，需要继续让大所审计；公司为融资便利、降低融资成本而继续聘任合并后的大所。

上述合并绩效的研究表明：一方面，市场对内资“十大”有了更高的认同，公司也愿意为合并后的“十大”支付更高的审计费用。这表明合并后的内资“十大”提高了自己的声誉，也在一定程度上显示出证监会、财政部与中国注册会计师协会（简称中注协）在促使本土事务所做大做强、提升本土事务所声誉和市场竞争力的政策已经开始取得成效。另一方面，决定合并成败的焦点通常是合并对象的选择与合并后事务所的整合，而本书针对未变更事务所的公司的研究也表明，事务所在合并初期的调查分析和合并后的实质性整合上可能有所欠缺。对此，本书结合国内外事务所合并的成功案例和合并后又分立的案例，进一步对合并和整合进行了分析。

本书认为，合并初期充分调查合并的潜在风险，比合并后对各家事务所进行整合更重要。由于各事务所在合并前就存在的战略、文化、组织结构、人力资源政策等因素对各自员工的影响是巨大的，因而一方很难在合并后为适应另一方而完全改变自己。如果合并双方在一些方面差异较大，那么合并往往会以失败告终。因此，事务所在合并前需要明确：自身的定位和战略目标是什么；合并双方的具体需求是什么；合并双方的文化是否兼容；合并后客户流失、合伙人和员工流失的风险有多高；在这些问题得到解决后，事务所才能实施合并。

在合并后的整合方面，本书从质量控制、客户资源、人力资源、薪酬激励机制以及事务所文化等五个方面对事务所合并整合进行了分析。鉴于会计师事务所合并涉及参与合并各方的利益重新平衡问题（这是事务所资源的重新配置），其中最难的是事务所管理层的重新调整，以及相关利益分配机制、股权激励机制等的建立，因此本书尤其对处于事务所治理核心的合伙人的薪酬制度、退出机制进行了研究，包括：合伙人薪酬制度中如何解决“按业绩分配”

与“按资分配”的关系，如何在薪酬设计中同时体现激励和平等；合伙人退出时资本返还金额的确定，合伙人期限效应的防范，以及合伙人退出时的限制性条款和补偿问题。

基于本书的研究结果，对于监管部门而言，在引导事务所合并的同时，应加强对事务所合并质量的监管，使本土事务所在做大的基础上进一步做强。尤其应关注合并后的事务所是否实现了实质上的融合，并将其作为事务所执业质量检查的重要内容。对于事务所而言，要借鉴国内外合并案例中的经验与教训，慎重选择合并伙伴，在合并后做好整合，提高事务所的声誉，实现做大做强。本书丰富了证券市场事务所合并的理论研究，同时也为促进事务所做大做强提供了理论依据和实证资料。

邓　川

2013 年 11 月

目录

1 绪 论

1.1 研究背景与意义

证券市场的发展有助于实现社会资源的优化配置，而审计对于维护证券市场信息披露的公平、公开和透明，提高投资者的信心至关重要。长期以来，我国证券市场审计行业集中度低，恶性竞争频现，审计质量欠佳。另一方面，随着我国经济的快速发展，企业规模不断扩大，跨国经营和跨国投融资日益频繁，这都迫切需要我国审计行业做大做强，更好地为我国企业提供专业支持。此外，摆脱对国际审计机构的依赖，发展我国自己的会计师事务所（本书以下简称“事务所”），也关乎国家的经济机密。

我国会计师事务所起步较晚，难以在短期内凭借自身发展形成具有核心竞争力的大型会计师事务所。合并是事务所做大做强的重要途径，能在短期内提升事务所的实力和市场份额。近年来，我国证券市场会计师事务所在监管部门的引导下出现了新一轮合并浪潮。据笔者的统计，2006—2009 年我国证券市场上就发生了 31 起事务所合并案。从理论上讲，会计师事务所合并有助于实现规模经济和范围经济，提高审计独立性。然而另一方面，部分事务所虽已进行合并，但并未达到预期的合并目标，一些合并甚至走向失败。例如，中天勤于 2000 年合并成立后，由于合并前缺乏足够的风险考量，合并后没有对合并各方的客户群进行有效整合，致使中天勤面临较高的审计风险，最终因“银广夏”事件而被吊销执业资格。同时，审计行业也出现了不少合并后又终止合并或分立的案例，如

2007 年的东方中汇会计师事务所分立，2009 年的华普天健高商会计师事务所分立。同样，“四大会计师事务所”（简称“四大”）也曾出现过合并终止的案例。原计划于 1989 年进行合并的普华永道与安达信，最终因为事务所文化差异、组织体系冲突等原因而导致合并计划终止。

本轮事务所合并的效果到底如何？是否真正实现了做大做强？合并的主要动机是什么？事务所在合并前应关注哪些风险？合并后应该在哪些方面进行整合以确保合并成功？这些问题引起监管部门、职业界和社会公众的广泛关注。目前，国内学者就审计质量、审计收费等方面进行了经验研究，然而在合并案例样本方面存在较大遗漏，也没有研究市场对事务所合并的反应。同时，对于合并的具体案例分析非常欠缺（包括合并成功案例和合并终止案例）。在合并后的整合方面，尤其是对合伙人层面的退出机制、薪酬机制缺乏探讨。对于审计实务界的实践指导意义不足。

为此，本书立足 2006 年开始的这轮合并浪潮，结合理论分析、国内外案例分析和实证检验，对我国会计师事务所的合并绩效、合并初期的风险分析以及合并后整合进行深入的研究。本书有助于丰富证券市场事务所合并的理论研究，同时也有助于为我国行业监管部门加强监管和引导，为会计师事务所自身持续发展壮大提供政策建议，从而促进我国资本市场的健康发展。

1.2 文献综述

1.2.1 关于事务所合并动机的文献回顾

从国外会计师事务所合并来看，其合并动机大致可以概括为应对客户业务国际化需要、提高市场竞争力及范围经济等方面，主要还是基于市场化动机。

Sullivan（2002）发现，DHS 与 TR、EW 与 AY 合并之后，根

据其客户数量计算的市场份额下降了，但按照客户收入计算的市场份额却提高了。此外，合并降低了大客户的审计成本，从而降低了其审计收费，这无论是对客户来说，还是对参与合并的事务所吸引客户而言都是有利的。因此，事务所合并动机与其说是一种反竞争的行为，倒不如说是为了降低审计成本，吸引客户资源，提高事务所市场竞争力①。

Tsai（2008）对我国台湾地区的事务所进行研究，发现事务所合并对规模经济的影响远超过成本效应。换而言之，尽管合并会导致事务所内部组织成本上升、降低运营效率，但规模经济效应带来的好处要远远超出增加的内部组织成本。

就国内而言，对会计师事务所合并动机进行专门研究的文献相对较少，主要包括：

余玉苗和詹俊（2000）对事务所合并的特点及其动因进行研究。从微观层面进行分析，认为事务所合并动因主要包括拓宽法定业务，特别是为跨区域、跨国经营的企业提供审计服务，增强市场竞争能力，以及提高事务所的规模经济性等；从宏观层面来看，认为事务所合并有利于调整我国审计市场结构、提高审计质量，以及从根本上增强事务所的国际竞争力②。

郝银辉（2008）从规模经济、审计市场需求与有效结构以及合并的本质特点等几个方面对事务所的合并动机进行分析，认为对规模经济的追求是事务所合并的内在动机，审计市场发展与建立有效市场结构的需求是事务所合并的外在动力，合并的内在优势与审计市场的特殊性是事务所选择合并的重要原因③。

焦云（2008）以国际大型事务所为研究对象，认为客户业务

① SULLIVAN，M W. The effect of the big eight accounting firm mergers on the market for audit services［J］. Journal of Law and Economics，2002，45（2）：375-399.

② 余玉苗，詹俊．对我国会计师事务所合并浪潮的剖析［J］．财务与会计，2000（12）：33-35.

③ 郝银辉．会计师事务所合并的动因与绩效研究［D］．南昌：华东交通大学经济管理学院，2009.

的全球化要求事务所建立全球业务网络，客户经营的日益复杂化需要事务所在更多领域里具备专家才能，为获得更大的规模效益，以及增加市场份额等因素促使事务所选择合并①。

李明辉等（2010）将国内会计师事务所的合并动机分为：达到不断提高的相关准入门槛（如证券期货资格、H股企业审计资格）；通过合并进入其他地区的审计市场，以打破区域壁垒；扩大规模以提高自身竞争力、扩大市场份额等②。

吕先锫（2012）从内在与外在两个方面对事务所的合并动机进行分析，认为内在动因主要包括：降低市场交易费用、扩展经营边界、降低经营风险和实现专门化经营等方面；外在动因主要包括：客户规模化发展与审计市场竞争的需求③。

房巧玲等（2012）从资源观的角度分析事务所的合并动因，认为事务所合并就是相互之间资源与能力进行整合、匹配，是一种战略资源需求与社会资源机会驱动的结果。事务所通过寻找与自身相匹配的资源、能力来实现价值最大化，合并就相当于对资源、能力边界进行优化④。

通过对上述相关文献的阅读研究可以看出，对于国际会计师事务所（简称国际所）合并动机主要包括规模经济、应对国际化业务需求、提高市场竞争力等；国内会计师事务所（简称国内所）合并动机概括起来主要包括提高准入门槛、增加市场份额、提高核心竞争力以及政府管制的推动作用等。从中可以看出，当前国内所与国际所的合并动机存在差异，国际所更多的是考虑国际化发展而选择合并，而国内所的动机则在于扩大国内审计市场，以及达到相

① 焦云．中国本土会计师事务所合并问题研究［D］．北京：中国地质大学，2008.

② 李明辉，刘笑霞．会计师事务所合并的动因与经济后果：一个文献综述［J］．审计研究，2010（5）：61-67.

③ 吕先锫．会计师事务所合并整合研究［M］．成都：西南财经大学出版社，2012：19-25.

④ 房巧玲，房玲，亓亮．基于资源观视角的会计师事务所合并动因研究［J］．中国注册会计师，2012（5）：86-89.

关准入门槛等方面。

1.2.2 关于事务所合并绩效的文献回顾

国内外对合并的绩效研究主要有：合并对审计质量的影响，合并对审计收费的影响。

1）合并对审计质量的影响

DeAngelo（1981）认为事务所规模与审计质量存在正相关关系。西方许多经验研究也发现事务所规模与审计质量之间存在显著正向关系的证据。通过合并，会计师事务所的规模迅速提高了，那么，这种合并是否会导致审计质量的提升呢？

Penney（1961）对被合并的地方性事务所合伙人访谈后发现，多数合伙人认为合并后其审计质量并不会有提高，合并更多的只是提高管理咨询服务的质量和范围。GAO（2003a）对现有关于审计质量的文献回顾后指出，现有研究几乎没有发现支持事务所合并与审计费用、审计质量和审计师独立性之间存在联系的经验证据。GAO（2003b）对159位大型公众公司人员调查后发现，多数被访者认为事务所合并对审计质量或审计独立性仅有很少的影响或没有影响。

不过，也有一些研究发现，事务所合并确实会提高其审计质量。如我国台湾地区学者Wang et al.（2008）对2000年我国台湾地区属于“五大”的致远会计师事务所（即安永）与属于“非五大”的荣聪联合会计师事务所之间的合并案研究后发现，上述两家事务所合并后，其客户的操控性应计数的确有所降低，合并能提升审计质量，并且荣聪会计师事务所审计质量的提升幅度更大。林宗辉和戚务君（2007）发现，我国台湾地区勤业与众信两家事务所合并后，其客户的操控性应计数显著下降，盈余反应系数显著提高。不过，同样是对我国台湾地区会计师事务所合并的研究，一些学者却并未发现事务所合并会提升审计质量。如吴清在和曾玉琦（2008）以我国台湾地区最近三次会计师事务所合并为研究事件，并以持续经营审计意见作为审计独立性的替代变量，来探讨事务所合并对审计独立性的影响。结果未发现有一致的证据显示事务所合并后审计独立性有显著的提高，而规模较小的事务所在合并之后审计独立性的提高幅度更高的推论也未获得支持。①

针对我国大陆审计市场的事务所合并，一些学者从审计质量的角度进行了一些研究，但结论并不一致。一方面，李眺（2003）从产业组织的角度分析了审计市场的合并行为对审计质量和社会福利的影响，认为合并有助于事务所降低成本，但其并未进行实证检验。曾亚敏和张俊生（2010）对我国2006—2009年年初8起会计师事务所合并案研究后发现，事务所合并后客户的可操控性应计项目显著下降，盈余反应系数显著提高，因此认为事务所合并有助于提高审计质量。另一方面，李明辉（2011）以2005年德勤华永与北京天健及深圳天健信德合并案、2008年中瑞华恒信与岳华合并案为对象，检验事务所合并前后审计质量的变化，结果发现，就这两个合并案来说，事务所合并并不意味着审计质量的提高。对中瑞岳华合并案而言，合并后其审计质量甚至有所下降。此外，原先规模较小事务所审计质量能够得到更大提升的假说也未得到支持。刘启亮等（2011）对1999—2007年的事务所合并案研究发现，除了国际四大会计师事务所兼并我国本土事务所后的本土事务所的审计质量显著改善以外，其他我国本土事务所的扩张总体上并没有带来相应的审计质量改进。这表明本土事务所的扩张可能只是规模扩大，而内功并没有增强。

Chan和Wu（2011）的研究进一步从合并各方事务所是否有证券审计资格角度区分了不同合并类型的影响。他们利用我国大陆地区1999—2006年事务所合并的数据，通过比较合并前与合并当年出具非标意见的概率，检验了事务所合并对审计独立性的影响。

① 李明辉．会计师事务所合并与审计质量——基于德勤华永和中瑞岳华两起合并案的研究［J］．中国经济问题，2011（1）：98-107.

他们发现证券所之间的合并由于提高了累计在险准租（aggregate quasi-rent at stake），其合并当年以非标意见频率度量的审计质量得到提高，并且出具非标意见的倾向与累计在险准租的提高幅度显著正相关。然而，证券所合并非证券所因为不会显著提高累计在险准租，其审计质量并没有提高。该结果表明，事务所规模的增加未必会提高审计独立性，重要的是公众客户的规模，此时的准租更可能作为担保品以防范审计违规行为。

总体上看，国内关于事务所合并对审计质量影响的研究较少，研究结论并不一致，证据不充分，研究设计上也有所差异。曾亚敏和张俊生（2010）、李明辉（2011）仅分析了少数个案，在合并案例样本方面并不完整，结论的外部效度受到影响；刘启亮等（2011）、Chan 和 Wu（2011）较少涉及政策引导下的 2007—2009 年的合并案；曾亚敏和张俊生（2010）、Chan 和 Wu（2011）仅分析了合并当年的审计质量。因此，本书将立足 2006 年开始的这轮合并浪潮，对 2006—2009 年证券市场事务所之间相对完整的合并案例进行实证检验，研究合并对审计质量的影响。

2）会计师事务所合并对审计收费的影响

合并会使得事务所规模扩大，人们普遍担心其对审计市场势力的影响，是否会带来审计收费的上升？不少学者也对此进行了研究。

Iyer（1996）通过比较 1987 年八大事务所和 1991 年六大事务所的审计收费后发现，尽管合并后市场集中度增加，但审计收费并没显著增加。Ivancevich 和 Zardkoohi（2000）发现美国 1989 年的两次合并后，合并事务所的市场份额、审计价格和生产成本都下降了，合并对审计效率的影响大于对市场势力的影响。Sullivan（2002）发现合并后的事务所能争取到更多的更换事务所的大客户，合并降低了审计大客户的成本。GAO（2003a）对相关文献总结后指出，已有研究并未发现事务所合并会影响审计费用，20 世纪 90 年代末至今，审计费用的提高部分是由于审计环境的不断变化以及客户期望的提高。对于美国以外的市场，同样有学者发现事务所合并并未导致审计收费的提高。如 Iyer（1996），Pong 和 Burnett（2006）对英国的研究，Firth 和 Lau（2004）对我国香港地区的研究，以及 Hariri et al.（2007）对马来西亚的研究。

不过，也有一些研究发现，合并提高了事务所的市场势力，进而导致其要求的审计收费标准提高。如 Lee（2005）发现，在我国香港地区，八大事务所合并前，参与合并的事务所的审计收费显著低于那些未发生合并的事务所，但在合并后，发生合并的事务所的审计收费显著提高至与那些未发生合并的八大事务所可比的水平，并会在此水平上保持较长时间。McMeeking et al.（2007）发现，大事务所合并对声誉溢价和价格竞争的影响取决于不同的环境：如果事务所与更大的对手合并，则被审计单位将很可能要支付更高的审计费用。他们认为，事务所合并导致审计费用上升的主要原因在于产品差异而非垄断价格。

由此可见，国外现有文献对于事务所合并对审计收费的影响的结论并不一致。从理论上看，事务所合并对审计收费的影响实际上取决于两个作用相反的因素相抵后的净影响：一方面，合并提高了事务所与客户的讨价还价能力（市场势力），从而导致审计收费提高；另一方面，事务所合并可能使事务所获得了规模效应从而降低审计成本。如果事务所愿意与客户分享规模效应带来的好处，或者市场竞争激烈，那么事务所可能会降低审计收费水平。因此，合并到底对审计收费产生何种影响是一个实证问题，它取决于哪种力量占上风。

对我国大陆审计市场，余玉苗（2001）、夏冬林等（2003）、张立民等（2004）认为我国证券审计市场集中度低导致事务所独立性不高、违规现象频现，为此需培育“寡占型”的审计市场结构。李眺（2008）认为大型事务所市场份额的增加并未导致其形成更强的市场势力。在实证研究方面，研究结论总体上认为合并会提高审计收费。蔡春等（2011）发现从 2002 年到 2008 年，内资所的审计收费仅缓慢增长，而四大事务所的审计收费却以惊人的速度飞升。内资事务所所合并对缩小审计收费差距有一定帮助但效果不明显，但其只是作了描述性统计，并未利用客户数据并在控制其他影响审计收费因素的基础上检验事务所合并对审计收费水平的影响。房巧玲和李晓燕（2011）对2006—2008年我国证券市场中13起事务所合并案研究后发现，在控制了客户的规模、报表复杂程度、风险等因素之后，事务所合并之后审计收费显著提高。李明辉等（2012）以我国2003—2009年10起事务所合并案为对象，利用其上市公司客户在事务所合并前后各两年的面板数据，检验了事务所合并对审计定价的影响。发现，事务所合并后，其审计收费显著提高，第一年审计收费的提升较第二年更为明显。本土事务所之间合并对审计定价的影响不如涉及四大事务所的合并显著。

1.2.3 关于事务所合并整合的文献回顾

20世纪80年代，伴随着国际会计师事务所的合并浪潮，关于事务所合并的理论研究也相继展开。在事务所合并整合问题方面，坍檀（2009）从战略、组织、人力资源、专业标准、企业文化、客户资源等方面探讨了调整与协同问题。认为整合的过程应贯穿于事务所合并过程的始终，包括了解阶段、谈判阶段。在尽职调查阶段就应当开始评估整合问题，树立起“整合为上”的观念。除该文外，其他的观点主要散见于一些事务所合并问题的探讨中。基于本书的研究内容，笔者将相关研究文献归为质量控制整合、客户资源整合、人力资源整合、薪酬激励机制整合以及事务所文化整合等五个方面。相关文献如下：

1）质量控制整合的相关文献

吴溪（2006）通过对比中天勤会计师事务所（简称中天勤）合并前后各方的客户群潜在质量差异与审计业务质量控制差异，研究合并后质量控制与管理整合活动。该文认为，中天勤合并双方的合并前风险不匹配与合并后整合缺陷抵消了合并的预期积极作用，是导致中天勤合并后迅速灭亡的重要原因。认为事务所合并后应及时有效采取管理文化和质量控制等方面的整合措施，根据客户风险评估的结果对客户群实施必要的调整。除此之外，大部分学者主要针对事务所合并前后审计质量的变化进行实证研究，并未具体分析事务所合并前后的质量控制情况①。

2）客户资源整合的相关文献

Sinkin 和 Putney（2009）研究认为，事务所合并成功与否不仅取决于交易结构和尽职调查，还包括继任者留住客户和员工的能力。事务所在合并过渡初期要逐步进行变革，让客户和员工能慢慢适应合并后新事务所的运行方式，强调要注重解决客户和员工所关心的问题，制定一个细致的过渡计划，并在合并整合过程中针对客户和员工采取积极措施②。

邓川和陈龙（2013）针对事务所合并后出现客户和员工的流失情况，分析客户和员工在事务所合并时通常关注的问题，并制定客户资源和人力资源过渡整合计划，吸引并留住客户和人才。此外，还重点针对合伙人和一般员工的薪酬整合计划进行案例分析，指出应该区分两者之间的不同，逐步缩小事务所合并各方的薪酬激励机制存在的差异，力争实现同工同酬③。

3）人力资源整合的相关文献

Ashkanasy 和 Holmes（1995）采用定性与定量方法对事务所合并进行分析，提出事务所合并过程要经历震动、回避、适应以及变化等四个阶段，强调管理层在事务所合并之后要积极对合并各方进行整合，尤其要重视人力资源和事务所文化的整合，采取措施促进

① 吴溪．会计师事务所合并与质量控制：基于中天勤合并案例的经验分析［J］．会计研究，2006（10）：79-85.

② JOEL S，TERRENCE P. Keeping it together：plan the transition to retain staff and clients［J］. Journal of Accountancy，2009（4）：24-28.

③ 邓川，陈龙．会计师事务所合并中的客户和员工保留问题探讨［J］．会计之友，2013（3）上：42-45.

整合工作顺利开展①。

吴江涛（2002）针对国内所合并后出现人才流失的严重现象，提出事务所合并过程中应当致力于有效整合。认为事务所合并整合实质上就是资源的重新分配，而人力资源的重新整合最为困难，主要涉及管理层的重新调整与建立薪酬激励机制，不仅要考虑力量的均衡，更要完善合伙人进入与退出的利益协调机制②。

4）薪酬激励机制整合的相关文献

谭燕（2006）考察了会计师事务所的产权关系后发现，由审计市场供求关系诱发的资源控制权的个人化，为大股东建立以资源控制权为导向的利益分配机制提供了机会。由于控制权主体的控制权收益的补偿成为谈判的条件之一，从而增加了合并的难度，因此控制权收益的补偿成为事务所合并的主要障碍。

Hay et al.（2007）检查了利益分享机制与风险客户组合的关系，发现财务上加以整合的事务所与财务上独立的事务所在风险客户组合上存在差异。

Sinkin 和 Frederiksen（2012）研究认为事务所合并时应注重合伙人和一般员工的薪酬问题，指出薪酬激励机制不能进行强制性整合，而是要逐渐缩小合并各方在薪酬结构和水平上存在的差异③。

5）事务所文化整合的相关文献

Sinkin 和 Putney（2009）在分析事务所合并没有实现预期战略目标的一些重要原因时，认为在合并前开放性地讨论事务所文化问题是非常有必要的，这有助于评估事务所及其合伙人是否具有共同

① NEAL M A，SCOTT H. Perceptions of organizational ideology following merger：a longitudinal study of merging accounting firms［J］. Accounting，Organizations and Society，1995，20（1）：19–34.

② 吴江涛. 会计师事务所合并进程的回顾与展望［J］. 中国注册会计师，2002（10）：33–35.

③ JOEL S，CHRIS F. Bridging compensation gaps in a merger［J］. Journal of Accountancy，2012（1）：42–45.

的价值观和愿景。同时，提出事务所应该以更为具体的方式来定义哪些是合并各方需要考虑的文化，而这也包括客户对事务所文化的定义①。

Eisenstaedt 和 Montgomery（2010）对提高事务所合并成功率和增加价值过程中的关键要素进行了阐述，其中包括有效的合并计划、合并事项管理人员的作用发挥、沟通以及重视文化融合问题等方面。合并各方都具有独特的“个性”或文化，而这些文化特性逐渐制度化，各自形成了独特的价值观和管理理念，由此引发的文化冲突将会造成员工流失、不必要的客户流失、降低工作效率，导致成本增加以及员工士气低下等问题②。

唐学明（2006）针对国内事务所合并后出现的问题进行分析，指出事务所合并各方之间的文化差异会带来价值观、执业态度、管理方式等方面的冲突，需要对文化进行实质性整合，使新的事务所文化形成一个有机整体，使员工更好地融入新的工作环境③。

蒋尧明和赖妍（2006）对国内所合并的文化差异及其整合措施进行了研究，认为事务所合并后文化冲突集中体现在物质文化、行为文化、制度文化以及精神文化等四个方面，指出能否对事务所产生的文化差异进行有效整合，是事务所合并成功与否的关键所在④。

通过上述研究文献可以看出，理论界对事务所合并后的整合内容研究大都是从单方面进行分析，未能综合考虑不同整合内容并结合相互之间的关系进行研究。综合国内外研究现状，笔者认为应将质量控制、客户资源、人力资源、薪酬激励机制以及事务所文化等

① JOEL S, TERRENCE P. Mergers & acquisitions of CPA firms: understanding the roadblocks to successful deals［J］. Journal of Accountancy, 2009（3）: 58-61.

② LEE H E, JOHN L, MONTGOMERY. M&A integration challenges: the process doesn't stop at closing［J］. CPA Practice Management Forum, 2010（10）: 12-15.

③ 唐学明. 我国本土会计师事务所合并问题剖析［J］. 理论界, 2006（9）: 241-242.

④ 蒋尧明, 赖妍. 会计师事务所合并的文化冲突及其整合研究［J］. 会计之友, 2006（1）: 77-78.

整合内容，结合事务所合并动机，深入分析事务所合并整合情况，并提出相关的政策建议。

1.3 研究思路

本书将先对会计师事务所合并进行理论分析，然后实证检验2006年以来证券市场会计师事务所合并的绩效。接着，结合国内外合并案例，对我国会计师事务所合并的整合进行深入的研究，最后提出相关建议。具体而言，本书共分七章：

第1章——绪论。介绍本书的研究背景与意义，回顾国内外相关研究文献，并在此基础上，提出本书的研究思路。

第2章——会计师事务所合并的理论分析。介绍企业合并的相关理论，进而阐述会计师事务所的合并动因，以及我国具体背景下事务所合并的历程和评价。同时，本章也将讨论事务所合并初期的调查分析，阐述事务所在合并初期就需要解决的问题和风险，以及达成初步合并意向后的尽职调查。笔者认为，事务所合并初期的调查分析甚至比合并后的整合更重要。

第3章——会计师事务所合并绩效：未变更事务所的公司样本。本部分选择2006年以来证券市场会计师事务所的合并案例，基于合并后留在原事务所的公司样本，从审计质量（操纵性应计利润）、客户对合并的看法（审计收费）以及市场对事务所合并的反应三个角度，实证检验事务所合并的绩效。

第4章——会计师事务所合并绩效：变更事务所的公司样本。本部分选择合并前为内资“非十大”、合并后成为内资“十大”事务所的合并案例，分析合并前“非十大”事务所的客户发生审计师变更的原因，包括检验客户盈余管理动机、事务所风险管理动机、客户成长需求动机、客户融资动机、客户降低审计成本动机等。从审计师变更行为的角度，间接推断事务所合并的绩效。

第5章——会计师事务所合并的整合研究。本部分将从质量控制、客户资源、人力资源、薪酬激励机制以及事务所文化等五个方面对事务所合并的内容进行分析。鉴于会计师事务所合并涉及参与合并各方的利益重新平衡，是事务所资源的重新配置。其中最难的是事务所管理层的重新调整，以及相关利益分配、股权激励等机制的建立。因此本书尤其对处于事务所治理核心的合伙人的薪酬制度、退出机制进行了研究。

第 6 章——会计师事务所合并的案例研究。本部分将以国内外会计师事务所的合并案例，结合事务所实地访谈，分别从事务所合并方与被合并方，从合并成功案例到合并终止案例，系统地分析事务所合并的动机与整合的内容。国内案例选择了浙江天健会计师事务所的合并案例，以及 A 事务所与 B 事务所的合并分立案例。国外案例选择了国际“四大”事务所之一的德勤会计师事务所合并的案例作为研究对象，对国际大型事务所的合并历程进行分析，以期为我国本土事务所做大做强提供借鉴。

第 7 章——结论与建议。本章总结本书的研究结论，并提出相应的政策建议。

2 会计师事务所合并的理论分析

2.1 企业合并的相关理论

2.1.1 企业合并的相关概念与形式

1）企业合并的概念界定

合并是经济学理论的一个重要概念，也是市场经济发展过程中的组织变动形式。合并（consolidation）泛指两家或两家以上企业组成一家企业的行为，原企业的权利与义务由存续（或新设）企业承担，即吸收合并与新设合并，是合并方合并成新的企业控制权的交易（崔永梅等，2013）。在日常生活中，经常会遇到以下几个相关概念，为了便于理解，在此进行简要介绍。

并购是在国际上被称为“mergers & acquisitions”，简称“M & A”，是指一家企业购买其他企业的部分或全部资产或股权，从而达到控制或影响其他企业的经营管理，使其他企业保留或者失去法人资格。这个术语包括两个概念，一是“merger”，即兼并；另一个是“acquisition”，即收购。

兼并（merger）是指两家或更多独立的企业合并组成一家企业，通常由占优势的一家企业吸收其他企业。有学者认为兼并与合并有差异，兼并是指吸收合并，合并专指新设合并。张秋生（2011）认为，“merger”既可称为兼并，也可称为合并，在立法上是作同一规范的，没有必要专门对二者进行区分。

收购（acquisition）是指一家企业通过产权交易取得其他企业的控制权，以实现一定经济目标的经济行为。收购可以进一步分为资产收购和股份收购。

接管（takeover）是指企业具有控股地位的股东由于出售或转让股权，或是股权持有量被他人超过而控股地位旁落的情形。通常，接管有四种形式：收购、合并、投票权或代表权争夺以及上市公司转化为非上市公司等。

重组（reconstruction）广义上是指包括企业的所有权、资产、负债、业务要素的重新组合和配置。狭义上是指企业以资本保值增值为目的，运用资产重组、债务重组和产权重组等方式，优化企业资产、负债和产权等结构，以充分利用现有资源，实现资源优化配置。

2）企业合并形式

根据合并方式的不同，企业合并可分为两类：一是吸收合并，是指两家或两家以上的企业选择合并，其中一家企业吸收了其他企业而成为存续企业的合并过程，被吸收的企业注销、解散、失去法人地位，债权、债务由存续企业来承担。二是新设合并，是两家或两家以上的企业合并成立一家新的企业，拥有新的法人实体，合并各方都不再保留法人地位，其债权、债务由合并后新设的企业来承担。

2.1.2 企业合并动机的相关理论

在企业全球化浪潮的推动下，合并呈现出规模扩大、范围更广的趋势，全球化的合并已经成为大势所趋。正如美国著名经济学家、诺贝尔经济学奖获得者 George Joseph Stigler 所说，“纵观美国著名大企业，几乎没有哪一家不是以某种方式、在某种程度上应用了兼并、收购而发展起来的，极少有企业是通过内部扩张而迅速成长起来的”。①

由于实践中存在过高的合并失败率，促使西方学者把注意力大量集中在企业合并的动机理论研究上。20 世纪 90 年代，在对美国、荷兰等许多国家大量合并案例的实证研究后，西方学者认为追求市场控制力、增加利润、取得规模经济效益、降低成本、分散风险等经营目标，仍然是企业合并的主要动机。Muller（1992）将合并动机归纳为缓解代理问题、增强市场竞争力和提高效率等。Birkinshaw 和 Narayana（1993）将合并动机归结为协调经济效应和解决代理问题，并分析以上动机对合并后企业收益的影响。Brouthers（1998）认为合并动机可以分为经济动机、个人动机和战略动机等三类，经济动机包括扩大经营规模、降低风险、增加利润、防御竞争对手等；个人动机主要包括增加管理特权；战略动机包括提高企业竞争力、追求市场力量。

本书将企业合并动机理论归纳为四个方面：

1）协同效应假说（synergetic effects hypothesis）

协同效应假说从经济学角度对企业合并进行了解释，认为企业合并对整个社会来说具有潜在收益，体现在业绩的提高或获得某种形式的协同效应。我国经济的转轨特征和上市公司所处的历史背景决定存在着大量的通过协同效应等创造价值的源泉（张新，2003）。目前在全球化的背景下，我国经济是正处于转轨中的新兴市场经济，中国经济需要通过并购重组来完成向市场经济的转轨。

协同效应是指两个或两个以上的企业组合成一个企业之后，其价值大于原来两个或两个以上独立企业价值总和的状况，就是整体价值超过各个部分价值之和，即“1+1>2”。这种协同效应具体表现为以下几种形式：

第一，管理协同效应（management synergy）。管理协同的概念源于效率差异化理论（differential efficiency），认为企业合并的动机

① 赵炳贤．资本运营论［M］．北京：企业管理出版社，1997：169.

在于优势和劣势企业之间在管理效率上的差别，通过合并其他企业的方式来进行“管理的溢出（release）”，使其剩余的管理资源能够得到充分利用，不仅能使目标企业的效率提升到同样的水平，而且会比两家企业产出之和还大，即“1+1>2”（Wiliamson 和 Kleinetal，1975）。简单来说就是，当 A 企业的管理效率高于 B 企业，那么在 A 企业合并 B 企业后，B 企业的管理效率将被提升到 A 企业的水平，两家企业的管理效率得到了促进。

第二，经营协同效应（operating synergy）。经营协同效应是指合并给企业生产经营活动在效率方面所带来的变化以及因效率提高产生的收益，通常体现为规模经济效应、纵向一体化效应以及资源互补等方面。由于经济上的互补性、规模经济性，事务所通过合并形成的经营协同效应，降低了经营成本，提高了事务所的经营效率，最为直接的效果就是合并后形成的新事务所所获取的利润要高于原合并各方所能获得的利润总和，从而形成经营协同效应。

第三，财务协同效应（financial synergy）。财务协同效应是指合并给企业在财务方面带来的额外效益。企业可以通过合并提高内部资本利用率，资金充裕的企业可以提高企业资金效益，拥有投资机会的企业则获得了充裕的低成本资金，可以投资具有潜力的项目，降低资金成本，促进资本结构的优化组合，使得合并后的企业能够更加科学合理地利用资金。此外，合并可以使企业所在行业中的投资机会内部化，将外部融资进而转换为内部融资，从而增加财务协同，降低融资风险（Myers 和 Majluf，1984）。

2）代理理论（agency theory）

Jensen 和 Meckling（1976）系统地阐述了代理问题，认为当管理层拥有部分企业所有权时，就会产生管理层利用管理特权追求私人利益的代理问题①。Fama 和 Jensen（1983）认为通过合理的薪

① JENSEN M C，MECKLING W. Theory of the firm：managerial behavior，agency costs and ownership structure［J］. Journal of Financial Economics，1976，3（5）：305-360.

酬体系、有效的证券市场以及将所有权与控制权相分离的机制，可以缓解代理问题①。当这些机制都不足以控制代理问题时，合并有时可以用来解决代理问题（Manne，1965）②。正是因为资本市场上存在合并行为，管理层的领导地位随时会受到威胁，这才促使他们努力工作。合并会带来人员的更替，对被合并企业来说意味着管理效率的提高，从这种角度来看，合并减轻了代理问题。

与合并可以解决代理问题的观点相对，一些学者认为合并只是代理问题的一种表现形式，而不是解决方法。Mueller（1969）从代理人报酬的角度提出管理层的报酬是企业规模的函数，认为扩大企业规模是由管理层的意愿所驱使的。合并比内部成长更容易实现扩张，管理层通过扩大企业规模进而提高与企业规模正相关的个人利益（Jensen，1986）。Shleifer 和 Vishny（1989）认为通过合并扩大企业规模，进而提高企业对管理层的依赖程度。

3）自由现金流量假说（free cash flow hypothesis）

Jensen（1986，1988）在代理理论的基础上，进一步构建了自由现金流量假说，使企业合并理论研究更加深入一步。根据 Jensen 对自由现金流的定义：从经营活动现金流中减掉为了维持生产经营而投入的现金后即为自由现金流。在企业拥有巨大的自由现金流量时，股东和管理层在企业报酬政策方面会产生冲突，代理问题的核心是如何使管理者放弃低于资本成本的投资或浪费企业内部资本的决策。如果企业运行是有效的，并且实行股东利益最大化，那么这些自由现金流量必须支付给股东。正如 Jensen 所说，自由现金流量假说并不适用于分析成长型企业，因为这种企业的确需要大量的资本投入，致使假说的适用范围受到很大限制。况且，用增加负债的办法来约束管理层行为，减缓股东和管理层的矛盾，减少不必要

① EUGENE F F，MICHAEL C J. Spearation of ownership and control［J］. Journal of Law and Economics，1983，26（1）：301-325.

② MANNE H G. Mergers and the market for corporate control［J］. Journal of Political Economy，1965，3（2）：110-120.

的合并活动，从而降低代理成本，是以增大企业风险为代价的，这种办法即使对某些行业是可行的，对其他行业也未必可行。

Roll（1986）① 从行为金融学的角度首次提出了“狂妄假说（hubris hypothesis）”，认为管理者在处理问题的过程中会高估自身的管理能力，在企业并购过程中过分乐观，过多地关注目标企业的未来价值，从而忽视或是有意回避企业合并后可能产生的负面作用。大规模收购其他企业，但是却无法成功完成对目标企业的整合，导致兼并失败。Roll 开创了对管理者过度自信的研究，随着研究的深入，学者们逐渐将这一概念引入到企业的投资行为中。在不考虑代理成本的情况下，Heaton（2002）通过建立数学模型分析了管理层乐观对现金流收益和成本的影响。他认为，管理者的“狂妄自大”会高估他们自己为企业创造价值的能力，并高估企业投资项目所能带来的现金流量，并由此认为市场会低估企业的证券价值，所以不愿意进行外部融资。当必须依靠外部融资时，他们会更加偏好债务融资。Glasser，Schafers 和 Weber（2008）认为企业的投资决策并不是由管理层独自决定的，但仍发现他们的过度自信对企业的投资现金流敏感性有正向影响，这种情况在融资约束严重的企业中表现尤为明显，并对企业价值产生不利影响。

4）掏空与支持理论（tunneling and propping theory）

掏空与支持理论主要是针对集中所有权模式提出的。在一定程度上，所有权的集中避免了小股东在监督管理层时产生的“搭便车”行为，同时增强了大股东谋取个人利益的能力。在司法体系不健全的国家，能够控制企业的大股东不仅可以向企业派遣管理人员，还可采用关联交易等方式来掏空企业（Denis 和 Mcconnell，2003）。然而，Jensen 和 Meckling（1976）认为，即使缺乏完善的法律保护，外部投资者还是可以通过“用脚投票”的方式来保护

① ROLL R. The hubris hypothesis of corporate takeovers［J］. Journal of Business，1986（59）：197-216.

自己的权益。控股股东为了降低企业的融资成本，不得不对自己的掏空行为有所限制，因此他们具有强烈的动机向外部投资者做出承诺。用个人资源支持陷入困境的企业，就是控股股东为赢得外部投资者信任的重要手段（Friedman 等，2003）。

用掏空与支持理论解释我国的企业合并实践，源于我国企业合并表现出两个鲜明特征：关联性与同属性，就是被合并的非上市公司，通常与上市公司存在某种关联关系或是同属于一个地方政府管辖。我国上市公司表现出的高度集中所有权模式，主要是由发行上市的制度安排所决定的。这种制度安排的直接经济后果，就是上市公司与控股股东和地方政府之间存在某种密不可分的利益关系。自20 世纪 70 年代后期，我国进行了财政分权，通过加强地方政府的预算约束，不仅强化了地方政府追求经济效益的强烈动机（Cao 等，1999），更引发了地方政府之间的激烈竞争（Poncet，2004）。

在地方政府或是控股股东的主导下，上市公司合并的非上市公司可能是“优质资产”，目的是为了帮助上市公司达到配股资格或是避免亏损；上市公司合并的也可能是“劣质资产”，目的则是为了获取控制权的私人利益。当企业具有配股或避免亏损的动机时，进行合并是地方政府或是控股股东的支持行为，能够在短期内提升企业的财务业绩；而当无保资格之忧时，进行合并时地方政府或者控股股东的掏空行为，会降低企业价值（李增泉等，2005）①。

2.2 会计师事务所的合并动因分析

会计师事务所合并是指两家或两家以上事务所通过产权关系的转移与重新组合，使得各家事务所合并重组为一家事务所。实务工作中，这种合并既有《公司法》意义上的吸收合并、新设合并，

① 李增泉，余谦，王晓坤．掏空、支持与并购重组——来自我国上市公司的经验证据［J］．经济研究，2005（1）：95-105.

也有一家事务所吸收其他事务所的人员和业务的全部或部分。合并是会计师事务所实现做大做强的重要途径，绝大多数事务所选择合并的目的主要在于共享客户资源、人力资源和品牌等。会计师事务所是“人合”的服务型企业，因此事务所合并动因与一般企业存在较大差异。

2.2.1 会计师事务所的合并动因

本书认为事务所的合并动因有以下几个方面：

1）审计市场发展的客观需求动因

伴随着经济全球化的发展，即使是大型会计师事务所也会因客户的国际化发展给审计服务带来压力，尤其是跨国企业的形成与发展，要求事务所能够在更广范围、更多领域内提供多元化服务，这是事务所不断发展的强大推动力。

我国进一步深化企业“走出去”战略，事务所需要凭借其专业优势，发挥战略咨询、信息导向等重要作用，更好地为我国企业国际化发展战略服务。同时，国内所也面临着国际事务所（简称国际所）的挑战，参与国际业务竞争的需要。国际所凭借其良好的品牌声誉及科学的管理机制，在我国拥有较高的审计市场份额，这对国内所构成一定威胁。促进事务所做大做强、加快“走出去”步伐，是国内事务所更好地服务于企业国际化发展战略，成功应对国际审计市场竞争的必然选择。

事务所合并无疑是最有效的途径，这将在短期内增强事务所的市场控制力度和扩大审计范围，促进事务所协调经营、提高执业效率与节约管理费用。经济全球化发展对企业的另一个要求是具备自己的行业专家，事务所如果拥有跨行业的专家才能，就能够更好地为一些多元化经营的客户提供优质服务。同样，我国企业“走出去”需要拥有自己的行业专家队伍，国内所应抓住机遇为企业提供专业服务。实际上，“八大”中任何一家都拥有不同行业的专家才能。而通过合并后的“四大”则拥有跨行业的专家人才，更好地为客户提供多元化服务。例如，Price Waterhouse 和 Coopers & Lybrand 的合并使得普华永道（PwC）在通讯行业、能源和天然气行业的审计市场上占据主导地位。同样，Ernst & whiney 与 Arthur Young 合并后使得安永（Ernst & Young）在工程技术和医药保健两个领域内具有行业专长。通过境内外合并、联合拥有行业专长的知名事务所，能使国内事务所（简称国内所）在更广泛的领域满足国际审计市场发展的需要。

2）事务所发展的内生需要动因

内生发展与外延发展是事务所做大做强、实现规模化发展的两种方式，事务所需要通过合并满足发展的需要。

（1）做大做强，实现规模经济

事务所的规模经济主要体现在降低交易费用、拓展经营范围以及利用学习效应提高人力资源质量等方面。根据马歇尔的规模经济理论，事务所实现规模经济可以通过两个途径：第一个途径是多家事务所通过合并、联合以打破地区壁垒、增加市场份额、提高经营效率以及降低平均成本，从而实现事务所合并的“外部规模经济”(external economies of scale)。第二个途径是通过合并提升事务所内部人力资源管理水平、建立品牌声誉等，实现事务所合并后的“内部规模经济”（internal economies of scale)。

通过合并，事务所可以在业务范围、不同地域市场、专业特长、人才、业务管理、企业文化等方面实现互补和共享，实现“1+1>2”的效应，使综合竞争优势得到提升。通过合并，不仅能够承接更大规模的客户业务，而且可以为客户提供包括审计、税务、管理咨询等全方位的服务。可以满足业务多元化、地理区域分布广的大客户的审计服务需求，从而应对市场竞争的需要。

（2）加快国际化发展战略

当前，加快国际化发展战略是国内事务所的必然选择。进入国际审计市场的执业网络，采取适当方式进行合作，进一步拓展业务，可以满足事务所国际化发展的需求。根据中注协的统计，截至

2012 年 6 月 30 日，有 70 余家国内事务所在境外发展设立了成员机构、联系机构或分支机构。在 44 家取得证券、期货相关业务许可证的中国本土事务所中，有 15 家在 11 个国家和地区设立了成员机构、联系机构或分支机构 29 个。有 56 家事务所在中国香港地区发展联系机构 27 个。

据美国公众公司会计监督委员会（PCAOB）统计，截至 2012 年 5 月 8 日，除“四大”事务所外，共有 40 家国内事务所在 PCAOB 登记注册，直接为“走出去”企业提供专业服务。此外，有 70 多家事务所实现了 H 股、东盟、西亚等境外市场业务的拓展，涉及我国企业海外上市投融资审计、企业集团境外分支机构延伸审计、境外工程承包相关鉴证和咨询等领域的服务。

（3）会计师事务所品牌建设

事务所希望通过合并扩大规模，形成并提高品牌形象。事务所规模扩大通常伴随着人员结构的优化、技术领域的拓展和服务水平的提高，因此，规模大的事务所更有利于良好品牌及声誉的建立和维持。好的品牌声誉形成之后，事务所能掌握谈判主动权，节省契约执行过程中的交易成本，吸收更多有行业专长的 CPA，促进声誉的进一步提高。声誉的提高最终会有利于事务所审计质量的提高、审计定价的增长，以及做强做大目标的实现。声誉（品牌）机制也被认为是审计质量控制的一种好方法，它能为事务所提高审计质量提供更强的动力。

从现实情况来看，国际“四大”事务所之所以有着完善的管理制度、全方位的服务、良好的品牌声誉、全球的执业网络，是因为事务所通过合并已在全球范围内树立了良好的品牌声誉。事务所品牌建设是适应全球经济一体化、参与国际市场竞争以及增强市场竞争力的需要。国内所可以通过并购、海外联合等方式来建立品牌，增强防御风险能力，优化人才结构，改善客户服务质量，使事务所服务经济发展的品牌价值得以充分体现。

（4）合并可有力规避执业风险

事务所的最大威胁是执业风险，合并对于事务所规避风险来说具有重大意义。对于小型事务所而言，执业人员可能发现，自己和所在家庭完全依赖于通过客户服务所获得的收入上。如果执业人员发生意外，整个收入来源将完全消失。执业人员也担心丢失某个关键客户对收入带来的严重影响，这种客户也会影响到独立性。分散这种风险的一种方法是成为更大事务所的一部分，合并能解决这种需求。

通常，规模大、收入高的事务所资金实力雄厚，可以在专业技能和人员培训等方面投入充足资金，从而有助于会计师在执业过程中保证审计质量。同时，合并后形成的多元化经营模式，分散了事务所的执业风险，增强了风险承受能力。此外，事务所合并后的一项重要任务就是进行执业标准的整合，整合得力，可有效提高审计质量，从而降低风险。

（5）留住员工

随着我国市场经济的发展，许多注册会计师选择离开会计师事务所转而投入企业从事财务工作，以获得不同的工作体验或者更高的薪酬。在审计职业界，一个越来越大的挑战是招聘和留住具有专业胜任能力的员工。不仅仅很难找到有经验的员工，而且优秀员工很容易流失。除了薪酬，员工希望到有更高生活质量和提升职业生涯的工作环境中生存。如果合并能给事务所一个机会去改善工作条件，提高教育和职业培训，合并就可能是值得的。

（6）工作和生活的平衡

审计职业的一个特点就是需要投入大量的时间，并且不能在整个年度内分散工作负担。一些成功的合伙人可能发现，他们花了更多的时间在工作上，这可能影响了个人健康，有时甚至牺牲了家庭生活。工作似乎耗费了他们太多闲暇时光，导致他们没有多少时间与家人相处。因此，他们希望通过合并降低工作强度，从工作负担中解脱出来。

合并的一个目标可能是获得没有太多季节性的业务，从而能够更好地安排员工作息，获得更平稳的工作日程。例如，在国外，事务所未来重点发展的目标客户可能是与一般企业有着不同财政年度的客户。

（7）退出策略

在国外，“退出策略”（exit strategies）也可能是合并动机之一。国外一些会计师事务所要向退休合伙人支付高额的退休金，而对一些事务所而言，这一高额退休金是其无法承受的。这一情形最直接的后果是，年轻的员工不愿意成为事务所的合伙人，导致事务所的发展后继无人，而合并可能使事务所对新合伙人具有更强的吸引力。为此，一些事务所考虑通过合并为其合伙人退休计划寻求资金支持。

3）政府管制下的资格准入动机

在我国会计师事务所合并进程中，政府部门及注册会计师协会扮演着重要角色。这些机构通过制定一系列政策文件引导事务所进行合并，旨在使起步较晚的审计市场能够更快地建立起有效的市场环境，推进国内事务所长期平稳较快发展，加快国际化发展步伐，建立行业品牌形象，为我国大型企业海外投资和加快转型升级提供更优质的审计服务。

我国的会计师事务所合并可能并非是完全的市场化行为，通过合并迅速提高规模以获取相关资质（如证券期货审计资格、H股审计资格）、参与政府项目竞标成为事务所合并的常见目的之一。2006年以来的合并浪潮，既有事务所的自愿因素，同时也与政府强有力的推动有关，后者的影响甚至可能超过前者。例如，财政部和中注协官员在不同场合鼓励我国会计师事务所通过合并“做大做强”，并提出“重点扶持10家左右具有核心竞争力、能够跨国经营并提供综合服务的大型会计师事务所”。H股企业审计资格中对年度收入的要求也促使一些事务所被迫通过合并迅速扩大收入规模。例如，2009年，大信、万隆亚洲、京都天华、利安达、浙江天健东方、天健光华、信永中和、中审亚太等多家事务所进行合并，很大程度上是为了达到国家“会计师事务所从事H股企业审计业务试点工作方案”对事务所规模的门槛要求而被迫通过合并迅速扩大规模（李明辉，2011）。部分事务所在两年内就进行了多次合并，事务所合并速度之快令人惊叹。这一合并的背景与动因，也决定了国内事务所合并的效果、合并的整合可能与其他国家事务所合并情况有所不同。

2.2.2 不合理的合并动因分析

一些事务所的合并理由可能是错误的，如果这些理由是主要理由，那么事务所可能不应当进行合并。

1）纯粹为了某种执业资格而拼合在一起

一些事务所因为不够相应的资质而硬拼凑到一起，结果是“志不同道不合”。还有的是为了造势，属于“同床异梦型”。合并仅仅是为了扩大规模，为增加人员、增加收入、提高排名，这样简单的拼凑，只能是“人合心不合、事合志不合”，合并后不但不能发展，甚至会走向分裂。

2）降低运营成本

有时考虑合并的一个理由是事务所的成本会降低。例如，合并后只需要一个办公室接待人员，而不是现在的两个；合并后只需要一个会议室和资料室，而不是现在的两个；合并后可以摊薄技术成本；合并后可以有效利用冗余的员工。然而，一些事务所没有意识到的是，随着事务所的成长，合伙人层面的行政管理负担也会加大。合并通常会形成更大的组织，从而有更多的行政事务和会议，不仅合伙人层面的会议次数会增加，而且更多的人参加会议将导致会议持续时间更长。每位合伙人直接用于客户项目并因此产生收费收入的时间可能开始下降。雇用专门的行政管理人员可以缓解这个问题，但也会增加管理成本。当事务所成长时，以前由所有合伙人做出的决策可能会授权给一部分合伙人。因此，仅仅是为降低一方或双方的运营成本常常是一个非常脆弱的合并基础。

3）解决合伙人之间的分歧

事务所合并的一个原因是他们不能解决自己的问题，因此希望其他人能帮他们解决。在大多数情况下，事务所应当找出这个原因，不能急于进行合并。然而，如果有强有力的管理层，这个挑战可能是值得的。一个问题是，合伙人之间对事务所的管理或领导产生分歧。他们寄希望于让更多的人来分享管理权（合并）。如果在这种情况下进行合并，那么必须要清楚谁做决策，如何回购想要离开的合伙人的权益。

4）解决质量问题

一些问题在合并前就应解决，合并不是包治百病的工具。在一些情况下，合伙人可能在质量控制的重视程度上有差异。在一个小的事务所中，一个执业区域可能只有少数合伙人，一些合伙人虽然认为其他合伙人的工作不够专业，但是他们又不愿意去干涉，因为不是他们自己的地盘。他们容忍了不佳的业务质量，并希望一个更大的组织能够控制其他合伙人。结果随着时间的推移，社会上都知道了这个事务所的业务质量不佳。合并一家有业务质量问题的事务所，即便合并后想要去纠正这种情况，也可能导致新事务所的其他合伙人也被认为是业务质量不佳的。在大多数情况下应避免这类合并。应当建议被合并的事务所先纠正问题，然后才谈论未来可能的合并。

5）解决收费下降问题

事务所寻求合并的一个理由可能是成长乏力。有时，一个占主导地位的合伙人已经退休，其他合伙人虽然能够留住客户，但不能带来新的客户增长。在评估事务所合并的可能性时，需要意识到这个问题。如果合并一方能够利用好这些人才，那么合并将是一个机会。然而，大多数事务所会认为，新客户开发能力是稀缺资源，而不是服务现有客户的能力。

2.3 我国会计师事务所的合并历程与评价

从20世纪80年代初恢复注册会计师制度以来，我国会计师事务所一共经历了三次大规模的合并重组浪潮。第一次是1998—1999年的“脱钩改制”，这次变革给事务所的规模化发展从制度环境上奠定了基础。第二次是2000年以“上规模、上水平”为内容的组织结构调整。第三次是2007年后行业“做大做强战略”推动了我国本土会计师事务所的合并。

2.3.1 1998—1999年的脱钩改制

1）合并概况

我国于1986年颁布的《注册会计师条例》规定事务所必须有主管单位，同时《企业法人登记管理条例》规定，设立企业要先取得主管部门或审批机关的批准，即要有一个国家单位作为“挂靠单位”，由此形成“挂靠体制”。该体制下，会计师事务所的法律责任意识不高，审计市场分割严重。1992—1993年“深圳原野事件”、“北京长城机电事件”、“海南中水国际事件”，1997年“琼民源案”、“红光案”、“东锅案”的爆发，使“挂靠体制”的弊端日益显现。1998年4月，财政部相继发布了《关于执行证券期货相关业务的会计师事务所与挂靠单位脱钩的通知》等10多个有关脱钩改制的文件。在财政部、证监会的推动下，以主要挂靠在财政部的全国105家具有证券审计资格的事务所为突破口，我国启动了事务所与主管单位的脱钩及事务所自身的改制工作。

在政府主导下，1998年，北京市规模最大的两家会计师事务所——北会会计师事务所和京都联合会计师事务所合并重组为北京京都会计师事务所，这标志着我国注册会计师行业正式揭开了第一次实质性合并重组的序幕。1998 年年底，首批具有证券执业资格的 103 家会计师事务所与原先的挂靠单位彻底脱钩，成为真正独立的公司法人。截至 1999 年年底，我国会计师事务所顺利完成脱钩改制，全国 6 045 家事务所中有 4 952 家完成脱钩改制，自此，注册会计师行业进入了一个新的发展时期。

2）评价

脱钩改制使事务所成为“自主经营、自担风险、自负盈亏”的独立法人实体，风险意识和法律责任意识大大增强，这有利于资本市场的健康发展。王跃堂和陈世敏（2004）基于 1997—1998 年的有关数据，以脱钩改制后 106 家具有证券审计资格的事务所为研究对象，发现脱钩改制明显提高了审计独立性。易琼（2002）以业务收入为参变量，发现 1997—2000 年这 4 年间我国审计市场的集中度有不断提高的趋势。

2.3.2 2000 年以“上规模、上水平”为内容的组织结构调整

1）合并概况

随着我国资本市场的不断完善和发展，以及大型国有企业、金融企业对专业服务需求的不断提高，同时也为了应对加入 WTO 后的挑战，我国需要有一批符合相关条件和大型业务承接能力的事务所。而现实情况是，截至 2000 年 4 月底，全国 106 家具有证券业务资格的事务所仅拥有注册会计师 1 235 人，平均每家不足 12 人，超过 20 人的仅有 5 家，拥有 15 ~ 19 人的有 12 家，80 家以上的事务所每家拥有注册会计师少于 15 人。

2000 年 6 月，财政部为了促进事务所规模化、多元化发展，发布了《会计师事务所扩大规模若干问题的指导意见》；财政部、证监会联合下发《注册会计师执行证券、期货相关业务许可证管理规定》，以政府管制力量提高了执行相关业务的资格条件。例如，对于证券从业资格会计师事务所的门槛，从之前必须有 8 名取

得证券相关业务资格的注册会计师提高到 20 名。2000 年 7 月，财政部、中国人民银行又共同制定《会计师事务所从事金融相关审计业务暂行办法》，对事务所的资质提出新的、更高的要求，同时中注协也印发了 3 个文件。

在财政部、证监会、中国人民银行、中注协的直接推动下，以提高执行证券相关业务资格和金融审计业务资格事务所的准入条件为突破口，我国全面启动了以事务所“上规模、上水平”为主要内容的组织结构调整，行业内掀起了合并潮，加快了我国本土会计师事务所的规模化进程。截至 2001 年 3 月底，全国 411 家事务所合并为 152 家，其中，原有 106 家具有证券资格的事务所合并为 78 家。

2）评价

政府通过适当提高门槛的政策来推动事务所合并，不失为一种简单有效的举措。规模的扩大提高了事务所的规模经济性，缩小了上市公司的选择空间，增强事务所的谈判力，从而有助于提高审计独立性和审计质量。市场集中度也有所提高，吴溪（2004）对 2000 年审计市场结构实证研究发现，排名前 10 位事务所的市场份额由 1999 年的 34.93% 上升为 2000 年的 39.34%。不少合并是跨地区的合并，这种合并有利于打破地区封锁和部门垄断，形成全国统一的审计市场。

此次合并大多发生在中小规模的事务所之间。不少合并只是数量上的叠加，而没有质量上的整合，形似整体、实为散沙。有人认为，如果只是在当时的 106 家有资格事务所的范围内推动合并，也许真正能起到减少事务所和把业务集中到强所的目的。然而，放开到所有的事务所都可以联手跨越门槛，事务所的数量是减到了 78 家，但联手入围的事务所不下 200 家，这些事务所原来的执业质量参差不齐。有人因此质疑，这样的合并联合只是形式上的上规模，很难实现上水平的要求。一些会计师事务所在短短的 2～3 个月内到处“找对象”、“拉郎配”，对合并的可行性研究工作做得不够，合并对象的选择具有较大的盲目性，合并后也没有制定相应的发展规划。合并的目的只有一个：为了达到事务所执行证券、期货相关业务操作资格所要求的人员条件及资金条件。

2.3.3 2007年后行业“做大做强战略”推动的本土会计师事务所合并

1）合并概况

2007年5月，中注协印发了《中国注册会计师协会关于推动会计师事务所做大做强的意见》，全面启动了事务所做大做强战略。该文指出，事务所要积极探索合并、联合等做大做强的有效途径，支持事务所在自愿原则的基础上进行跨地区合并，实现事务所做大做强的总体目标。事务所做大做强，是我国社会主义市场经济快速发展、企业规模不断扩大的现实需要；是我国当前经济活动日益深化和市场需求多元化的客观需要；是中国企业国际化发展和参与国际市场竞争的需要。该文件提出，事务所做大做强的总体目标是：在形成事务所规模和地域合理布局、整体素质全面提升的同时，用5至10年的时间，发展培育100家左右具有一定规模、能够为大型企业和企业集团提供综合服务的事务所，在此基础上，发展培育10家左右能够服务于中国企业“走出去”战略、提供跨国经营综合服务的国际化事务所。

2007年12月，国务院九部委联合发布《关于支持会计师事务所扩大服务出口的若干意见》，支持有条件的事务所建立国际化服务网络，树立国际化品牌。

2009年，国务院办公厅转发财政部的《关于加快发展我国注册会计师行业的若干意见》（国办56号文件）。该文件明确提出了加快发展我国注册会计师行业的指导思想、主要目标和具体措施。核心内容是重点扶持10家左右具有核心竞争力、能够跨国经营并提供综合服务的大型会计师事务所。

2009年，财政部、证监会联合发布了《会计师事务所从事H

股企业审计业务试点工作方案》，明确规定了要取得从事 H 股企业审计业务资格所必须达到的要求，主要包括：事务所上年度业务收入（含境内外分支机构收入）不低于 3 亿人民币；注册会计师人数不少于 400 人；股东持股比例或者合伙人财产份额每人不得超过 25%；在我国香港地区发展成员所或者与我国香港地区会计师事务所同属某一国际会计公司的成员所等方面。这推动了事务所为取得 H 股企业审计业务资格而积极与境外事务所进行合并、联合等。

2011 年 9 月 4 日，中注协发布了《中国注册会计师行业发展规划（2011—2015 年）》明确提出，“十二五”期间，要深化事务所做大做强战略，行业收入翻番，并着力培育 10 家左右执业网络、服务能力、收入规模和市场影响具有国际水准的大型事务所。除国际合作所外，至少有 3 家以上事务所迈入世界前 20 强之列。

这些文件的出台，刺激产生了我国新一轮的事务所合并浪潮。自 2007 年以来，为了响应财政部、证监会、中注协“做大做强”的号召，我国本土会计师事务所领域兴起了第三次合并浪潮，不少事务所相继进行合并，表 2-1 列出了 2006 年以来主要的合并案例。

表 2-1　　**我国本土会计师事务所部分合并成功案例**

事务所名称	合并各方	合并时间	说明
信永中和	信永中和、北京中兴宇	2006.10	信永中和于 2009 年再次进行了合并
立信	上海立信长江、北京中天华正、广东羊城	2006.10	
天健华证中洲	北京华证、厦门天健华天、北京中洲光华	2007.1	
中瑞岳华	中瑞华恒信、岳华	2008.1	2013 年再次合并，更名为瑞华

续表

事务所名称	合并各方	合并时间	说　明
广东大华德律	深圳大华天诚、广东恒信德律	2008.5	2009年再次合并，更名为立信大华
中审亚太	中审（部分）、亚太中汇	2008.11	
安永华明	安永大华、安永华明	2008.12	
天健光华	天健光华、重庆天健	2008.12	2009年再次合并，更名为天健正信
万隆亚洲	万隆、亚洲	2008.12	2009年再次合并，更名为国富浩华
华普天健高商	安徽华普、辽宁天健、北京高商万达	2008.12	
中准	中准、海南从信、大连华连	2008.12	
京都天华	北京京都、北京天华	2008.12	2012年再次合并，更名为致同
浙江天健东方	浙江天健、浙江东方	2008.12	2009年再次合并，更名为天健
中兴财光华	河北光华、北京中兴、天津中兴、北京恒介、江西人和	2008.12	
利安达	利安达、河南利安达信隆、重庆利安达富勤、北京立信长江等	2009.5	
信永中和	信永中和、北京五联方圆、四川君和、中和正信（部分）	2009.7	
中审国际	中审国际、深圳南方民和	2009.9	
国富浩华	北京五联方圆、万隆亚洲、中磊（部分）	2009.9	2013年再次合并，更名为瑞华，其中部分中磊参与合并

续表

事务所名称	合并各方	合并时间	说 明
天健	浙江天健东方、开元信德	2009.9	
天健正信	天健光华、中和正信（部分）	2009.9	2012 年再次合并，更名为致同
中审亚太	中审亚太、浙江万邦、中磊（部分）	2009.9	
天职国际	天职国际、北京大公天华	2009.10	
大信	大信、东莞华联	2009.11	
立信大华	北京立信、广东大华德律、北京中兴正信、新疆宏昌、新疆驰远天合、重庆铂码等	2009.11	2011 年 9 月，天健正信的分立部门加入立信大华，立信大华更名为大华
立信中联闽都	福建立信闽都、天津中联	2009.12	
中兴华富华	中兴华、江苏富华	2009.12	
中磊	中磊、陕西中庆、山西大正、广州中联、广东中晟等	2009.12	
大华	天健正信、立信大华	2011.9	
华寅五洲	五洲松德、华寅	2011.11	
致同	京都天华、天健正信	2012.6	
瑞华	中瑞岳华、国富浩华	2013.4	

截至 2012 年年底，全国具有注册会计师资质的人员超过 25 万人，注册会计师近 10 万人，全行业从业人员超过 30 万人。会计师事务所 8 174 家，其中，有 43 家具备证券期货相关业务操作资格的事务所。2012 年全行业业务收入达到 509 亿元。

2）评价

与前两次合并浪潮相比，第三次合并浪潮呈现出强强合并的特征。从中注协 2009 年调研涉及合并的 11 家较大规模的事务所的情况看，参与合并的各事务所多数为全国排名前 100 家的事务所，在法律形式上虽然都采取了吸收合并的方式，但是从合并的实际过程来看，多为对等合并。这 11 家较大规模的事务所由超过 38 家事务所合并后形成，而 38 家参与合并的原事务所进入全国排名前 100 家的有 21 家，占合并事务所总数的 55.3%[①]。从合并后的收入规模看，合并后的事务所整体实力明显增强。11 家合并后的事务所中，上一年度业务收入过亿元的有 8 家，超过 3 亿元的有 6 家。此外，合并后的 11 家事务所的平均注册会计师数量为 506 名，平均从业人员达到 1 160 名。

自 2011 年以来，业内超大规模的合并诞生了大华、致同、瑞华几家事务所。而合并前的天健正信、立信大华、京都天华、天健正信、中瑞岳华、国富浩华已经是内资事务所的前 10 名。根据中注协公布的《2013 年会计师事务所综合评价前百家信息》，合并后的瑞华会计师事务所“综合评价得分名次”首次超过了安永华明、毕马威华振，位列普华永道中天、德勤华永之后的第三名，打破了国际“四大”事务所在华机构的排名格局。合并后的立信会计师事务所的排名超过毕马威华振，名列第 5。表 2-2 是 2013 年会计师事务所综合评价信息中的前 10 名。

中注协（2009）调查后认为，合并伙伴的选择更加理性。各事务所选择合并伙伴的原则各有不同，归纳起来主要遵循了“一个相当、两个一致、三个互补”，即：质量控制水平相当，合伙人（股东）的经营理念和风险意识一致，客户类型、地域和执业资质

① 王凯．事务所合并调研显示：三种因素促成五大特点显现［J］．中国注册会计师，2009（11）：24-25.

互补①。

表 2-2　　2013 年会计师事务所综合评价排名前 10 名　金额单位：万元

事务所名称	综合名次	事务所本身收入	与事务所统一经营的其他执业机构收入	注册会计师人数
普华永道中天	1	322 629	0	895
德勤华永	2	304 451	0	747
瑞华	3	243 709	42 057. 4	1 951
安永华明	4	223 646	0	884
立信	5	177 357	38 924. 5	1612
毕马威华振	6	213 576	0	615
大信	7	136 557	22 599. 1	1 056
天健	8	110 515	0	1 169
信永中和	9	104 103	0	983
大华	10	100 808	1 290. 25	960

不容忽视的是，本次合并仍带有很强的政府推动色彩。事务所合并的时间与相关政策出台的时间高度契合。国办 56 号文件提出了重点扶持 10 家左右大型事务所，入选的我国本土事务所必然将获得国家优惠政策，可能包括税收优惠、财政补助、优先获得央企等大型项目、人才培养扶持等措施。另外，H 股审计资格的潜在巨大经济利益也毋庸多言。这些政策对事务所的加速发展提供了巨大的助推力。合并，似乎是某些本土事务所在短期内迅速扩张以获得上述名额的唯一有效途径②。当然，我们并不否认不少本土事务所合并是基于事务所的内在发展需要的市场化行为，但这轮合并浪潮中某些本土事务所会不会在政策刺激下仓促上马进行合并呢？会不

① 王凯．事务所合并调研显示：三种因素促成五大特点显现［J］．中国注册会计师，2009（11）：24-25.

② 坍檀．本土会计师事务所合并非坦途［J］．财会学习，2009（11）：24-26.

会对合并的可行性研究工作做得不到位，盲目选择合并对象，互相之间缺乏深入了解，仅仅为了资格、排名等形式上的大，就找一些事务所做加法，表面上虽然挂在同一块牌子下，却各自为政，并没有真正做大做强？这仍需要时间的检验。

虽然从收入规模的角度看，在这轮合并中国内有两家事务所的排名已经有了历史性的突破，但在短时间内做大的基础上，能否实现实质性合并，实现资源和管理的整合（特别是在财务利益分配、人力资源管理和执业网络的统一方面，按照人合的要求实现事务所内部治理的科学化），能否真正在做大的基础上做强，仍有待观察。①

2.4 会计师事务所合并前需要分析的问题

目前很多学者探讨了合并之后事务所整合的问题。事实上，在事务所合并的初步了解阶段、谈判阶段就应当开始评估整合问题，树立起“整合为上”的观念。如果认为未来双方整合困难，就应果断放弃。

合并前充分考察事务所合并的潜在威胁甚至比合并后对各家事务所进行整合更重要。因为各事务所在合并前就存在的战略、文化、组织结构、人力资源等因素对各自员工的影响是巨大的，一方很难在合并后为适应另一方而完全改变自己，各方面差异较大的事务所也就很难兼容在一起。因此，合并只能寻找各方面容易进行融合的事务所进行，否则合并往往会以失败告终。正如男女双方要结

① 《新京报》2013 年 8 月 8 日的报道指出，对于我国本土第一的中瑞岳华和本土排名第 4 的国富浩华的合并，普华永道中国银行业和资本市场部合伙人朱宇表示，“虽有压力，但不恐慌”。“四大”事务所对本土事务所的规模崛起有心理准备。“做大不代表做强，瑞华目前实现了规模的超越，这只是实力的一个方面，不是实力的全部。”朱宇认为，目前“四大”事务所的核心竞争力是本土中资事务所无法撼动的。在质量控制、国际品牌影响力、风险管理和控制等方面，国内事务所与四大事务所还有很大差距。

婚，结婚前他们必定要经过适当的恋爱期，在此期间，他们可以彼此交流、了解，判断彼此是否志同道合，是否能互补和融合在一起，而不是发现各自条件不错就立即去结婚，发现不合适时再努力调整以适合对方。

在注册会计师行业，有的事务所通过合并成功扩大了规模，但也有事务所合并失败。比如，1997 年 10 月 20 日，毕马威和安永宣布合并，但由于组织体系冲突、成本太高、部分合伙人进行抵制等各种原因，合并以失败告终；再如 2000 年，深圳中天会计师事务所和天勤会计师事务所合并成为中天勤会计师事务所，但由于合并前两家事务所在上市公司客户群的风险水平、事务所质量控制等方面相差较大，合并后双方的质量控制指标差距进一步拉大，最终导致合并后不久，中天勤便由于“银广夏案件”而被吊销执业资格（吴溪，2006）。

因此，事务所合并前在寻找适当的合并对象时，对其他事务所各个方面的尽职调查就显得非常必要。本书从合并初期事务所需要考查的问题出发，指出只有经过这些方面的深思熟虑，寻找志同道合的事务所，合并的道路才能更顺畅，合并失败的风险才能减少。

2.4.1 自身的定位、战略目标

首先，定位要准确。中注协关于行业的总体构想是：“做精做强是对事务所的普遍要求，做大做强是对百家左右事务所的重点要求，走出去是对十家左右事务所的特殊要求。”那么，事务所需要有一个准确的定位，自己是属于“做精做强”型还是更适合“做大做强”型。这样可以减少盲目性。当大则大，当小则小，让合并达到预期的经济效果，这才是每个会计师事务所的生存之道。

其次，目标要明确。要决定合并，就必须对自己的行为进行通盘考虑、战略谋划。比如合并是要达到什么目标，短期目标是什么、长期目标是什么，目标是否能实现。通过对外部环境分析，可以发现机会并了解面对的威胁与挑战，通过对内部环境分析，可以

预测合并后能否形成竞争优势、业务能否形成多元化。一个精雕细琢和周全缜密的战略是合并取得成功的关键①。

2.4.2 合并双方的具体需求

在合并谈判方面有经验的一些事务所认为，大多数情况下，事务所合并并不是真正意义上的合并，而是一家占优势的事务所收购一家小事务所。在这种情况下，为何双方都会有合并意向呢？这是因为被收购的事务所一般期望能扩大其规模、增加客户数量、提高专业技能；而占优势的事务所又期望能进入一个被收购的事务所有影响力的市场，从而更快地进入或增加进入该市场的可能性，减少开发该市场的成本。如果被收购的事务所难以吸引大客户，那么他们一般能够接受占优势的事务所在合并后的事务所中占主导地位；如果小事务所的合伙人希望减少花在管理上的时间，以便自己能花更多的时间在客户开发上，小事务所也会对合并或被收购产生兴趣。

虽然最初各事务所一般能从合并中获利，但考查他们希望在合并中得到什么对每家事务所都是非常重要的。在考虑了该问题后，各方可能发现他们各自希望得到的东西差别非常大。有研究发现，在讨论一项潜在的收购方案时，一家事务所对“你希望在合并中得到什么”的答案会因为另一家事务所合伙人的年龄不同而不同。例如，尽管事实上所有被收购的事务所的合伙人都希望得到货币保证，但年纪较大（超过60岁）的合伙人往往会说他们希望得到尊重，而年纪较小的合伙人会说他们希望得到机会。如果被收购事务所的合伙人认为他们不能得到尊重或机会，合并往往会失败。

2.4.3 合并双方的文化是否兼容

成功的合并要求双方在经营理念、组织体系、文化氛围等方面

① 廖学伟．浅议事务所合并风险的防范［J］．中国注册会计师，2008（10）：33-35.

相互协调。双方对合并的认识理念、前景愿望应高度一致，以合并实现专业服务能力、质量控制能力和专业竞争能力的提高，在规模扩大的基础上追求做强。

1）价值观和治理模式

当人们在办公室里与他人一起工作时，同事之间和睦相处才能提高工作效率，很多时候这就需要同事之间具有相似的价值观。如果一家事务所员工的价值观是保守的，而另一家事务所员工的价值观是享乐主义、唯物主义的，那么这两家价值观如此不同的事务所的员工在一起就难以好好工作，效率也会降低。

治理模式和工作方式也会对合并能否成功产生影响。曾经有一家事务所 A 与另一家事务所 B 关于合并问题谈判了 4 年，但最后谈判中断，因为当与 B 事务所的合伙人谈话时，事务所 A 发现这些合伙人没有真正像团队一样工作。事务所 A 解释说，由于他们的事务所是采用团队运作的，如果一家事务所的合伙人不能以团队运作，那么合并后他们也就很难让这家事务所进行团队运作。

国外另一家区域性的事务所 E，年收入 2 亿多美元，收购了收入规模为 350 万美元、有两个合伙人的事务所 F。事务所 E 主要是看中了 F 在当地的一个办公场所。事务所 F 的合伙人寻求的是 E 的获利能力。然而，双方在治理模式上存在差异。事务所 F 的合伙人习惯于很大程度上的自治管理，除了对他们的客户负责外很少承担其他责任。不幸的是，合并前的谈判主要集中在财务方面，如对合伙人的报酬和退休计划等。事务所 E 也对合并事务所的工作底稿、盈利能力、经营指标、风险和其他质量控制特征进行了彻底的、尽职的调查，然而关于文化问题却让 E 事务所在当地的部门去处理。而事务所 E 在当地的管理合伙人没有就事务所 F 的文化问题进行充分讨论，没有过多思考合并对合伙人的责任、事务所治理等方面产生的影响。结果 1 年之后，事务所 F 的一个合伙人由于失望而离开。①

2）合伙人的权益、薪酬和管理方式

事务所的合伙人是非常独立的群体。事务所文化的匹配对于合并的成功至关重要。合伙人之间在薪酬和管理上的差异，事务所所有权的取得和出售，人事和设施的管理，这些都是需要考虑的重要因素。通常，一个事务所会形成一套体现各个合伙人特点的经营风格。

对于合伙人薪酬，一些事务所平等地分配利润，而其他事务所有一套复杂的业绩评价系统。一些事务所要求合伙人也应有一定数量的收费工作小时，而其他事务所对合伙人没有为具体客户服务的要求。一些事务所的福利可能会比较统一，而其他事务所的合伙人可以设计自己个性化的福利。修改这些内容可能会导致合伙人之间产生摩擦。

一些事务所允许合伙人可以在事务所外有更多的商业活动。一些事务所期望合伙人全身心投入到事务所的事务中，只允许合伙人在事务所外拥有被动型的投资产品。这些差异对于一个和谐的合并可能是一个重大障碍。

在合伙人的加入和退出方面，一些事务所有正式的权益估价方法，一些合伙人可能为获得权益而支付了相关款项。其他事务所的合伙人可能只需支付一笔名义上的款项，但高级合伙人相比新进入的合伙人可以获得更多的薪酬。一些事务所可能在取得权益时没有支付多少款项，因而在其退休时也只能收到很少的款项，只能依靠退休制度获得退休后的款项。这些事务所的合并可能是非常困难的，会在合伙人之间引起误解和不满。

此外，合伙人对人事和设备支出可能也有不同的处理方法。一些事务所可能对任何成本支出都比较谨慎，而其他事务所相信好的

① AICPA. Management of an Accounting Practice Handbook [M]. East Lansing: AICPA, 2009.

形象和最新设备会给事务所带来好处。这些态度可能会波及员工薪酬、培训、福利或工作时间的灵活性，影响员工的保留问题，员工可能会认为他们没有得到公平的对待。

3）合并速度与合伙文化

合伙文化是否能够融合，也会影响到合并对象的选择和合并速度。保持合伙文化的统一和延续，实现人以群分，至关重要。在事务所靠内生发展、合伙人代代相传的年代，这似乎不成问题。但在事务所通过合并实现快速扩张的背景下，要保持合伙文化的统一则可能面临挑战。尤其在我国政府部门以证券资格准入制度引导的合并下，各方有迫切的做大规模的激励。此时，在合并对象的选择上，各家事务所的做法则是各有千秋。既有速战速决者，也有步步为营者。

速战速决式的合并，虽然各方为了某个当前利益诉求而一拍即合，但这并不意味着理念统一和利益共享，很可能给后续的整合带来相当大的困难。在这种方式合并的背后，各个合伙人团队往往在利益上相互独立，工作方式也各有不同，甚至出现相互竞争客户的局面。合并之后的事务所经历一段时间的运行后，参与合并的合伙人在合伙文化及利益分配方面的分歧可能日益凸显。如果分歧难以消除，分立便成为一种必要的选择。

另一方面，步步为营式的合并，更多表现为单个合伙人或合伙人团队加入一家事务所，而不是两家规模相当的事务所之间的合并。相对于前者，虽然没有了轰动效应和新闻价值，但这种方式的合并在实现合伙文化统一和利益共享方面，遇到的困难会小一些。在经过充分的双向选择与沟通之后，单个合伙人或合伙人团队加入与之理念接近的会计师事务所，能更快更好地融入这个事务所的合伙文化和利益安排。①

① 葛徐．关于合伙制度在中国注册会计师行业的若干思考［J］．新会计，2012（5）：50-53.

2.4.4 客户流失的风险

一般而言，客户选择事务所时主要考虑事务所规模、会计师的专业技能、服务的价值、花费的成本、事务所的办公地点等。对于事务所的合并举动会使顾客产生各种疑虑，这些疑虑包括合并后事务所的服务质量、收费的变化、对事务所新的业务流程的理解和自身需要做出的调整等。客户的这些担心关系到其选择事务所的理由，如果合伙人没有在合并前就预先考虑这些担心和疑虑的解决方案，客户不能及时得到问题的解答，就容易导致客户的流失。例如，国内大华会计师事务所在与安永合并前也有 46 家上市公司客户，而在合并后的 2002—2004 年，大华原有的业务骨干出现流失，30 家客户也相继离开安永大华。

当事务所想要合并时，考虑各家事务所拥有的客户群类型非常重要。例如，拥有制造业客户的事务所与拥有服务业客户的事务所能和谐相处吗？是不是所有客户都认为他们能从合并中受益？不同类型的客户群受合并的影响不同。例如，通过与小型事务所合并，许多中等规模的事务所认为他们会提供更有效率、种类更为丰富的服务，小型事务所的客户应当为此感到高兴。然而，有时让人意想不到的是，小型事务所的客户可能认为他们被扔给了一个不是由自己选择的事务所，这违背了自己的意愿。他们可能宁愿让小型事务所提供服务，因为大型事务所的收费会更低。此外，独立性问题也值得关注，如果合并前的两个事务所分别为同一行业内的主要竞争对手服务，那么客户会担心合并后由同一家事务所审计可能导致的信息泄露问题，从而导致其选择另一家事务所进行审计。因此，在合并谈判过程中，这些问题都不能忽视，必须评估和处理合并对事务所各类客户群的影响。

2.4.5 合伙人流失的风险

留住合伙人与留住客户密切相关。会计师事务所很大程度上属于关系型企业，事务所之间的区别也来源于客户与事务所员工关系上的差异（Sinkin 和 Frederiksen，2012）。要获得和发展更多的客户并在竞争中取胜，一个关键因素就是对“关系”的重视。而关系的建立仅仅依靠事务所的制度通常难以实现，相反更需要注册会计师个人的大量努力和投入（谭燕，2006）。因此，一些客户资源呈现出注册会计师个人化特征。这种客户关系使得很多客户和事务所员工共进退，注册会计师的离职也常常带来客户流失，即“换所不换师”。中天勤事务所解散后，原来的 63 家客户就有 21 家（38%）客户跟随签字注册会计师更换了事务所。因此，事务所在合并前必须关注各个合伙人对合并方案的态度，深入分析合伙人在合并中的关注点，并相应制定一个适当的过渡计划，采取有效的保留行动，避免合伙人流失。

大多数事务所对多少业务量可以支撑一个合伙人都有一个标准。在一些情况下，事务所的业务量可能不足以支撑合并后新进来的合伙人数量。一个解决办法是让一些合伙人降级成为新事务所的经理。这可能引起一些合伙人的不满并选择离开合并后的事务所。这个问题经常成为事务所最终放弃合并的原因之一。

2.4.6 员工流失的风险

当几家事务所合并时，不确定性会令各家事务所的员工不安，有时会造成大量人员流失。如果管理层预先考虑了这些不确定性并预先解决了员工关心的问题，就可以在很大程度上避免这些不安。例如，合伙人应告知员工，合并后他们可以继续他们的工作，提升的机会也是平等的。事务所应关注是否可以留住员工，就像员工关注是否可以留住工作一样。

对于合并，大型事务所的员工通常比小型事务所的员工更为积极。在一个合并后会裁员的时代，任何的变化会带来不安。然而，如果事务所能显示这次行动后事务所有更多的提升空间，那么不安会得到缓和。在今天的就业环境中，合伙人应当注重员工的需求，强调合并会如何使他们受益。忧虑确实会存在，但好的管理层应当在需要信心时提供信心。

2.5 会计师事务所合并前的尽职调查

在形成初步的合并意向后，接下来需要对候选事务所进行尽职调查（due diligence）。尽职调查作为企业合并不可缺少的一项重要工作，是合并方委托专业机构或者由其自身的专业部门，对某一拟进行合并的企业的经营活动、执业特征、文化等各个方面进行调查与分析。本节将讨论以下几方面的尽职调查：一般情况、业务、财务、或有事项、员工与就业、实物资产。

2.5.1 一般的尽职调查

获取事务所的一般信息有很多途径，下面列出了一些可能的方法：

（1）用搜索引擎搜索目标事务所及其合伙人的名称，看能找出哪些信息，包括好的或不好的信息。例如，是否有未决诉讼、索赔或其他问题。对事务所及其合伙人进行法院判决方面的搜索。

（2）如果打算购买房地产作为业务资产的一部分，那么获取房地产的产权报告。如果被兼并的目标事务所拥有房地产，让律师进行产权查询，以便弄清财产是否有任何问题。这可以发现有关原合伙人的留置权或判决情况。

（3）获取目标事务所的信用报告和资信调查报告。此外，可以让所有合伙人提供自己的个人信用报告，信用报告往往可以清楚了解到那些自称是成功专业人员的真实财务状况。

（4）无论是购买资产或股份，获得被并购企业的注册登记证明，以确保它是合法组建的企业，并取得相关的注册登记证书的副本，这可以让律师进行审查。

（5）获得目标事务所的相关税务文件，确定所有要求的纳税申报表都提交了。

（6）如果有重要的无形资产，那么应当进行知识产权方面的检索，并考虑聘请外部专家进行认证。如果目标事务所采用了一个商标名称，那么要核查这个商标是否已恰当注册。如果目标事务所有一个网站，那么要核查谁拥有这个域名，以防网站属于目标事务所之外的其他人。如果目标事务所使用了一个徽标，那么要核查它是否具有这样做的权利。事务所需要对此进行确认，以确保在交易中得到预期的权利。

2.5.2 业务的尽职调查

被合并的事务所的业务质量也需进行调查，以确信该事务所具有较高的专业水平，不会出现可能的法律责任风险。合并方可以抽样审查工作底稿了解业务质量。对目标事务所的工作底稿、审计程序和质量控制进行类似于同业互查似的检查。同时，索取以前的同业互查结果的副本，并将其附在合并协议中。对于你担心的任何问题，起草一些声明添加到合同中。

2.5.3 财务的尽职调查

作为注册会计师，财务分析是看家本领，所以自己要仔细分析数据。获取近年来的纳税申报表、财务报表或报告，包括年末未结束的项目和应收账款。检查应收账款的收款情况，在各年度之间进行比较，跟踪存在差异之处。计算一些基本的比率，如年末应收账款与营业收入的比率，未结束项目占总收入的比例，工资和利润占总收入的比例。复核不同的资产负债表项目或利润表项目之间的关系。比率本身可以说明问题，或者通过与相关基准（如行业中其他事务所的指标）相比说明问题。使用评估资源或互联网搜索可以找出相关的比较数据。

2.5.4 或有事项的尽职调查

或有事项可能会导致事务所未来发生资产损失或产生负债。例如，应收账款可能不能收回而形成的或有损失，悬而未决的诉讼索赔（在审查目标事务所时尤其重要），灾难性损失，等等。在尽职调查时，主并方应当保留一份关于可能存在的问题的清单，以便在发现问题后及时修改合同。在大多数情况下，当一家事务所将所有资产出售或转移到另一家事务所时，继承该资产的事务所往往不对该事务所的负债负责。因此，事务所应在合并条款中规定该事项，或保留一些储备基金或保险。

2.5.5 员工与就业的尽职调查

检查事务所所有相关的合同及文件，获得以下一些可能的项目清单：

（1）就业协议，或其他任何雇佣关系的文件。

（2）每个雇员和工作人员的简历。

（3）收费价格表，以及这些价格在最近几年是如何变化的（如果可能的话）。

（4）以前年度的个人所得税申报表，以此验证员工的工资额，以及原合伙人是如何保持事务所有序运行的。

（5）员工福利。福利可以分为基本福利和绩效福利。法定福利包括五险一金、加班费、法定休假、职业津贴（如车补、饭补、差补、过节费等）等等。事务所通常为所有的员工提供此类福利。绩效福利则由事务所自行安排，常见的有：其他商业保险（如商业医疗险、商业寿险、意外死亡与伤残险、商务旅行险等）、其他假期（如加班补假、婚嫁、产假等）、员工培训、健康服务、团队活动等等。了解目标事务所对员工提供了什么类型的保险和福利，这将表明在事务所的合并后，员工可以有什么样的期望。这也可以看出被合并方对自己一些事务的仔细程度。如果没有退休金或退休计划，并不意味着合并时可以忽略这个问题。这意味着合并方应该在并购协议中明确声明：目前对事务所的员工没有任何退休金或退休计划，并且一直没有提供过这样的福利。

（6）事务所手册。如果对方没有的话，主并事务所应在合同上声明，在签署合并协议前，主并方将会将自己的事务所手册会分发给对方的员工，他们将签字确认收到手册，并同意遵守手册。

（7）人力资源政策的尽职调查。对事务所来说，人力资源的尽职调查显得格外重要，它是指对合并各方的人力资源进行整理、分析与评价，包括对管理层的管理理念、组织结构、绩效评价制度以及培训体系进行考察。事务所应组建专门的调查人员对合并各方的人力资源进行全面、系统的整合分析。

2.5.6 实物资产的尽职调查

在进行实物资产的尽职调查时，需要采取以下步骤：

（1）检查所有的实物资产。如果目标事务所较小，那么只需要一个简单的实地考察即可。通过数码相机拍照等方式，记录和列出所有不动产、资产及其状况。如果涉及房地产，那就需要雇用一个房地产专业人员进行评估。如果计算机和其他设备是重要的，让电脑方面的顾问进行审查。此外，需要核实资产状况，了解合并所得到东西的特征，确信所有设备和设施处于合理的工作状态。

（2）获得重大固定资产的评估报告，如房产和设备。从目标事务所获得折旧政策和计划。确保所购买的所有设备和财产是目标事务所所有，而不是租来的。如果是租来的，索取租赁协议的复印件。

（3）检查个人财产或其他资产的租赁。正如上文所述，获得所有租赁协议的复印件，即使是一些不太重要的设备。在笔记本中列出这些项目以修改合并合同，卖方要么在签署合并协议之前取消这些租约，要么转让给主并方，或是把它们排除在交易之外。

（4）存货。虽然这个数字可能并不重要，但要确保合同中明确什么是合并后事务所可用的，哪些是不会转移的。

（5）保险的估值。例如，获得目标事务所的保险记录的复印件，查看现有保险的覆盖范围，对家具或计算机设备的估值情况。

（6）需要确定进行最后调整的截止程序。如果合并的目标事务所有应收账款或应付账款，那么这些往来款现在的情况如何？在最终签署合并协议时的情况如何？主并方是否确信在最终签署协议时它们已经结清？主并方是否会对与合并相关的应付账款承担责任，是否有被并方仍对应付账款负有责任的合同？

（7）应收账款账龄。将应收账款和未结束项目与客户清单进行对比。查看账龄趋势，变化情况，与总收入、净利润的比率的变化情况。核查重要客户与事务所的业务关系保持了多久。继续查找问题，将其纳入并购合同的声明和担保条款中，查找一些需要附在并购合同中的文件。

在上述尽职调查之后，如果合并各方对合并达成共识认为合并是可行的，事务所就可以制定合作计划，明确各方责任，对合并过程中的工作进行明确分工，并签署相关合并协议。在拟定有关协议时，需将合作细节提前明晰，特别是对合并后的组织架构、合并后股权分配、利润分配原则、合并后的主要负责人、部门的设立及部门负责人选、分所的管理、合并前或有风险的责任承担都要明确，把工作做在前面。所有这些合并协议由各合并方讨论通过后才申请登记。这样会避免和化解很多纠纷，防患于未然。

3 会计师事务所合并绩效：未变更事务所的公司样本

近年来，让会计师事务所通过合并方式“做大做强”，已成为我国政府主管部门、行业组织以及理论界的共识。中国注册会计师协会于2007年印发了《关于推动会计师事务所做大做强的意见》，积极支持事务所在依法、自愿、协商的基础上进行合并。2009年10月，国务院办公厅转发财政部《关于加快发展我国注册会计师行业的若干意见》，明确鼓励事务所“优化组合、兼并重组、强强联合，促进行业走跨越式发展道路”。在实务方面，本土事务所之间的合并案更是此起彼伏。根据笔者的统计，2006—2009年我国证券市场上就发生了31起事务所合并案。

我国证券市场事务所合并的效果到底如何？其中，事务所合并对审计质量、审计收费及市场竞争性的影响，尤其受到监管部门、上市公司和公众的关注，并影响到未来审计市场的监管与引导。为此，我国学者进行了一些研究，但目前的研究尚不够充分，结论并不一致。为此，本书基于2006—2009年我国证券市场上内资事务所之间的合并案例，从事务所自身审计质量、上市公司客户对合并的看法（审计收费）以及投资者对事务所合并的反应这三个角度，分析合并的效果。

本章发现：（1）投资者对事务所合并做出了显著正面的反应；（2）合并虽然导致事务所整体审计收费上升，但进一步区分合并前的大小所，以及事务所在合并后是否进入内资十大事务所后发现，合并后进入前10名的大所的审计收费才会上升，而小所无论是否进前10名都没有显著变化；（3）以操纵性应计利润衡量审计质量，我们发现事务所合并没有显著提高公司的审计质量，事务所在合并后可能缺乏整合。

本章的贡献在于：（1）较为完整地分析了2006—2009年我国证券市场上发生的内资事务所合并案例，这有助于确保本书研究结论的外部效度；（2）在分析中进一步区分了合并双方的相对大小，以及事务所在合并后是否能够进入内资十大所行列，从而有助于更深入地了解我国事务所合并的效果；（3）检验了证券市场对事务所合并的市场反应，从而为投资者如何看待事务所合并提供了经验证据。本书的研究结论一方面表明行业做大做强战略已经取得一定的成效。另一方面，事务所合并前要重视合并对象的选择，加强合并后质量控制和风险管理等方面的整合，提高管理水平。监管部门应重视对事务所合并质量的监管，促进合并后事务所实现实质性融合。

3.1 文献回顾、理论分析与研究假设

3.1.1 文献回顾

对我国注册会计师行业的合并，已有文献从审计质量、审计收费等角度进行了研究。关于合并对审计质量的影响，一方面，曾亚敏和张俊生（2010）对我国2006—2009年年初8起事务所合并案研究后发现，合并后客户的操控性应计显著下降，盈余反应系数显著提高，表明合并有助于提高审计质量。另一方面，李明辉（2011）以2005年“德勤华永与北京天健及深圳天健信德合并案”、2008年“中瑞华恒信与岳华合并案”为对象，发现合并未必意味着审计质量的提高，中瑞岳华的审计质量甚至有所下降。刘启

亮等（2011）对 1999—2007 年的事务所合并案研究发现，除了国际四大会计师事务所兼并我国本土事务所的合并会使审计质量显著改善以外，我国本土事务所的扩张总体上没有改进审计质量。Chan 和 Wu（2011）利用我国 1999—2006 年事务所合并数据，研究发现证券所之间合并当年出具非标意见的概率提高。然而，证券所合并非证券所后的审计质量并没有提高。这表明公众客户的规模（累计在险准租，aggregate quasi-rent at stake）更可能作为担保品以防范审计违规行为。

关于合并对审计收费的影响，蔡春等（2011）发现 2002—2008 年，内资事务所的审计收费仅缓慢增长，而“四大”事务所的审计收费却以惊人的速度飞升。内资事务所合并对缩小审计收费差距有一定帮助，但效果不明显。房巧玲和李晓燕（2011）对 2006—2008 年间我国证券市场中 13 起事务所合并案研究后发现，在控制了客户的规模、报表复杂程度、风险等因素之后，事务所合并之后审计收费显著提高。李明辉等（2012）以我国 2003—2009 年间十起事务所合并案为对象，利用其上市公司客户在事务所合并前后各 2 年的面板数据，检验了事务所合并对审计定价的影响。发现，事务所合并后，其审计收费显著提高，第一年审计收费的提升较第二年更为明显。本土事务所之间合并对审计定价的影响不如涉及“四大”事务所的合并显著。

总体上看，关于事务所合并效果方面的研究结论并不一致，研究设计上也存在一定的不足。对于审计质量，曾亚敏和张俊生（2010）、李明辉（2011）仅分析了部分合并案例；刘启亮等（2011）、Chan 和 Wu（2011）对政策引导下的 2007—2009 年合并案较少涉及；曾亚敏和张俊生（2010）、Chan 和 Wu（2011）仅分析了合并当年的审计质量。关于审计收费，蔡春等（2011）主要采用描述性统计，没有严格控制其他影响审计收费的因素。房巧玲和李晓燕（2011）只是对合并前后 1 年事务所全部客户的审计收费是否存在显著差异进行了检验，数据期间较短。李明辉等

（2012）的研究样本混合了证券所之间的合并、证券所与非证券所的合并，并且剔除了两年内连续发生合并的案例。此外，现有文献也没有投资者对合并看法的研究。本书研究设计与前述文献的不同之处在于：鉴于2006—2009年连续发生合并的事务所都是内资重量级大所，如果剔除这些合并数据将使得研究结论存在较大的片面性，因此本书研究中包含了这些合并案例。同时，研究中对合并前后共4年的数据进行了分析，而且进一步区分了合并双方的相对大小，以及合并后是否进入内资十大排名，从而有助于更深入地了解我国事务所合并的效果。此外，本书还进一步检验了证券市场对事务所合并的市场反应。

3.1.2 理论分析与研究假设

1）会计师事务所合并与审计质量

审计质量是审计师[①]发现被审计单位会计违规并揭露这种违规行为的联合概率（DeAngelo，1981）。前者取决于审计师的专业胜任能力，后者取决于审计师的独立性。会计师事务所合并的直接效果是规模快速扩大。从专业胜任能力来看，合并后的事务所由于拥有更多的物质资本，因而可以投入更多的人力物力来进行技术研发和质量控制。合并也为专业化投资提供了可能，可以提高事务所的专业化程度（Sullivan，2002），而行业专长有助于提高事务所发现财务报表中错报的能力。

从独立性角度看，当审计市场分散时，激烈的行业竞争可能会使事务所为了赢取客户资源而出具迎合客户的不公正审计意见，直接降低了审计质量；合并使事务所迅速扩大了规模以及与之相关的准租，此时如果事务所因低质量的审计服务而遭受惩罚，其声誉受损不仅意味着可能向该笔业务委托人支付赔偿，而且还可能导致已

① 为简便起见，本书的审计师（auditor）不对审计人员与事务所做出区分，审计师包括从事审计的工作人员与事务所两部分。

有客户和潜在客户的流失。因此，合并后的大所有更强烈的动机保持独立性以维护品牌声誉。与此同时，大事务所来自某一客户的收入占总收入的比例相对较小，其对客户的经济依赖性相对较弱，也更容易抵制来自客户管理层的压力，审计独立性和审计质量因而越高。此外，事务所合并后，原先来自于不同事务所的合伙人之间可能会形成一种内部制衡，以维护整个新事务所的声誉和整体利益，从而有利于保证事务所的执业质量（李明辉，2011）。为此，本书提出以下假设：

H1：会计师事务所合并能提高审计质量。

2）会计师事务所合并与审计收费

审计收费水平是事务所与客户讨价还价的结果，它在一定程度上能体现出客户对审计服务或审计师声誉的认可程度，因此也有一些国外研究将其作为审计质量的替代变量（如，Simunic，1980）。

从现有理论看，合并对审计收费的影响存在不确定性。一方面，Dopuch 和 Simunic（1980）认为，合并后的事务所可能通过劳动生产率的提高来实现规模经济和范围经济。合并后的事务所可以投入更多的人力物力来进行专门化的知识领域投资，成为行业审计专家。通过合并，可以重新部署战略资产以获取资产的最佳利用，提升管理技能，从而导致边际成本降低。而且，两个地理位置互补的事务所合并也能导致审计的边际成本降低（Sullivan，2002）。地理位置分散的大客户从事务所的地理覆盖区域的扩大中获益更大。因此，如果事务所愿意将成本节约的收益部分让与客户，那么我们可以预期合并能降低审计收费。

另一方面，合并也可能带来审计收费的上升。首先，如果合并能带来审计质量和审计师声誉的提高，那么审计收费也可能提高，即产品差异或声誉导致审计师的收费溢价（Simunic，1980）。其次，合并会使事务所规模和市场份额扩大，市场集中度提高。对于排位靠前的事务所而言，合并将使他们的市场势力（market power）进一步提高。为了攫取高于市场平均水平的垄断利润，事务所

（尤其是大所）也可能凭借其市场势力制定更高的价格来提高利润。

因此，客户支付的审计费用的最终变化结果是一个实证问题，将取决于成本节约、市场势力提高和产品差异中哪种影响占主导。以前的文献提供了不一致的结果：一些学者发现合并未导致审计收费提高（Ivancevich 和 Zardkoohi，2000；Iyer，1996；GAO，2003a；Firth 和 Lau，2004；Lai，2005）。另一些学者发现合并提高了事务所的市场势力，进而导致其收费标准提高（Menon 和 Williams，2001；Lee，2005；McMeeking，et al.，2007；Rong Dinga 和 Yuping Jiab，2012）。为此，本书只提出以下零假设：

H2：会计师事务所合并对审计收费没有影响。

3）会计师事务所合并与市场反应

根据审计需求的代理理论，如果审计质量因事务所合并而提高，则可减少经理人的代理问题，从而提高被审计单位的价值。高质量的审计可以改善信息披露质量、降低信息搜寻成本。另一方面，根据审计需求的保险假说，审计兼具信息价值和保险价值（Dye，1993）。伍利娜等（2010）发现，我国最高法院 2003 年《关于审理证券市场因虚假陈述引发的民事赔偿案件的若干规定》的颁布，催生了我国证券市场审计的保险功能，从而对投资者利益保护发挥了积极的作用。在民事法律责任制度健全的情况下，事务所合并将使投资者在公司破产时从审计师处获得的期望赔偿金额增加。为此，本书提出以下假设：

H3：涉及会计师事务所合并的公司的市场反应为正。

3.2 研究设计

3.2.1 审计质量的检验模型

本书沿用国内外大多数做法，通过事务所审计客户会计信息质量的高低来衡量审计质量。具体而言，我们用上市公司审计后的操纵性应计利润（discretional accruals，DA）来计量审计质量。国外大量研究发现，操纵性应计利润与事务所遭受诉讼、出具非标准审计意见的概率正相关，并且截面 Jones 模型估计出的 DA 能够有效衡量公司盈余管理的程度。同时，由于本书并非属于特定事件盈余管理的研究，无法预期 DA 的方向，故借鉴陈信元和夏立军（2006）等研究，以操纵性应计利润的绝对值｜DA｜作为审计质量的代理变量。｜DA｜越低，审计质量越高。

我们具体采用修正的 Jones 模型计算操纵性应计利润：首先，针对同行业、同年度的公司对模型（1）进行 OLS 回归取得参数 a_1、a_2、a_3。上市公司行业分类采用证监会的行业分类标准，其中制造业（C 类）由于行业类型比较笼统，公司数量特别多，因此取前两位代码分类，其他行业取行业代码第 1 位。其次，将其代入修正琼斯模型（2）中计算得出非操纵性应计利润 NDA。最后，根据式（3）估计出每个变更公司的操纵性应计利润 DA。

$$TA_{i,t}/A_{i,t-1}=a_1(1/A_{i,t-1})+a_2(\Delta REV_{i,t}/A_{i,t-1})+a_3(PPE_{i,t}/A_{i,t-1})+\varepsilon_{i,t} \tag{3-1}$$

$$NDA_{i,t}=a_1(1/A_{i,t-1})+a_2[(\Delta REV_{i,t}-\Delta REC_{i,t})/A_{i,t-1}]+a_3(PPE_{i,t}/A_{i,t-1}) \tag{3-2}$$

$$DA_{i,t}=TA_{i,t}/A_{i,t-1}-NDA_{i,t} \tag{3-3}$$

其中，$TA_{i,t}=NI_{i,t}-CFO_{i,t}$。$TA_{i,t}$、$NI_{i,t}$、$CFO_{i,t}$分别代表 i 公司第 t 期的总应计利润、净利润和经营活动的现金流量。$\Delta REV_{i,t}$是 t 期主营业务收入和 t-1 期主营业务收入的差额，$\Delta REC_{i,t}$是 t 期应收账款与 t-1 期应收账款的差额，$PPE_{i,t}$是 t 期固定资产原值，$A_{i,t-1}$是 t-1 期期末总资产。$NDA_{i,t}$代表 i 公司经过 t-1 期期末总资产平减后的非操纵性应计利润。

参照陈信元和夏立军（2006），本书使用以下模型检验事务所合并后的审计质量变化：

$$|DA| = b_0 + b_1 Merge + b_2 Lnasset + b_3 Cfo + b_4 Roa + b_5 Assetzz + b_6 Lev + b_7 Age + b_8 Opin + b_9 Loss + \varepsilon \quad (3-4)$$

上述模型中的变量定义如下：|DA|为审计质量的代理变量。Merge为测试变量，合并后当年和下一年度取1，合并前两年为0。Cfo为来自经营活动的现金流量净额除以上年期末总资产。Lnasset是公司当年期末总资产的自然对数。Roa是总资产利润率。Assetzz是总资产增长率。Lev是负债比率。Age代表公司的上市年数，以公司上市日距离变更年度末的天数除以360天计算。Opin为审计意见哑变量，标准的无保留意见取0，非标意见取1。Loss为亏损公司哑变量，亏损取1，其他为0。已有研究发现，公司规模、经营活动现金流量、经营业绩、公司成长性、负债比率、上市年数、是否亏损与公司应计利润之间相关（Dechow et al.，1995；Defond 和 Park，1997；Ghosh 和 Moon，2005；陆建桥，1999；陈信元、夏立军，2006；刘启亮等，2008），因此本书在模型中也纳入这些控制变量。

3.2.2 审计收费的检验模型

参照张奇峰（2005），本书使用以下模型检验事务所合并后的审计收费变化：

$$Lnfee = c_0 + c_1 Merge + c_2 Lnasset + c_3 Sqsubs + c_4 Aturn + c_5 Roa + c_6 Lev + c_7 Invrec + c_8 Opin + c_9 Loss + c_{10} Prov + \varepsilon \quad (3-5)$$

Lnfee为审计费用的自然对数，以控制回归模型中的异方差问题。Merge为合并前后的测试变量。Lnasset为被审计公司的总资产的自然对数，用以控制公司规模对审计费用的影响。Sqsubs与Aturn分别表示纳入公司合并会计报表范围的子公司数目的平方根与资产周转率，用以控制公司业务复杂程度对审计费用的影响。Lev为资产负债率，用以控制公司财务风险对审计费用的影响。Roa为公司资产收益率，用以控制公司盈利能力对审计费用的影响。Invrec、Opin与Loss分别表示存货与应收账款占总资产的比重、是否被出具非标准审计意见及公司本年度是否亏损，用以控制客户的资产流动性水平与总体审计风险的影响。Prov 为公司注册所在地，在北京、上海、广东（含深圳）等经济发达地区取1，否则为0，用以控制地域对审计收费的影响。

3.2.3　市场反应的检验模型

我们通过计算股票的累计超额收益来检验市场反应。首先，应用市场模型来预测期望正常收益率 E（R_{it}）。本书以上市公司董事会披露事务所合并的公告日为事件日，利用该披露日前第205到前第6个交易日共200个交易日的股票收益信息，对下述市场模型进行回归：

$$R_{it}=\alpha_i+\beta_i R_{mt}+\varepsilon_{it} \quad (3-6)$$

式（3-5）中，R_{it}为涉及事务所合并的公司 i 在第 t 日考虑现金股利再投资的实际收益率；R_{mt}为第 t 日市场收益率，对于上海市场，我们选取上证综合指数，对于深圳市场，选取深证成分指数；α_i，β_i 为回归系数；ε_{it}则代表随机误差项。在估计出每只股票在（-205，-6）估计窗口内的回归系数 $\hat{\alpha}_i$ 和 $\hat{\beta}_i$ 后，进一步预测事务所合并事件窗口内各交易日的公司期望正常收益率 E（R_{it}），即：

$$E(R_{it})=\hat{\alpha}_i+\hat{\beta}_i R_{mt} \quad (3-7)$$

然后，计算每家公司 i 在第 t 日的超额收益 AR_{it}，以及公司 i 在事件窗口的累计超额收益：

$$AR_{it}=R_{it}-E(R_{it})$$

$$CAR_i=\sum_{t=S}^{E}AR_{it} \quad (3-8)$$

式中 S 和 E 分别是事件窗口的起始和终止日期。为了分析事务所合并的披露期内是否存在超额收益，我们将对多个事件窗口进行检验。同时，考虑到我国证券市场中的板块效应，为了控制市场、行业等因素的影响，本书也计算相对于行业回报率的超额收益 AR_{iht}和累计超额收益 CAR_{ih}如下：

$$AR_{iht}=R_{it}-R_{ht}$$

$$CAR_{ih}=\sum_{t=S}^{E}AR_{iht} \tag{3-9}$$

其中，R_{ht}为 i 公司所在市场（上交所或深交所）的行业回报率。

3.2.4　样本选择与数据来源

本书首先选择 2006—2009 年涉及会计师事务所合并的 A 股上市公司作为初始样本①。我们根据中注协网站和上市公司披露的合并公告来判断事务所的合并信息，首先选择了我国证券市场上有证券审计资格的事务所之间的 16 起合并案例，具体见表 3-1。

然后，在这些合并案例中涉及的公司中，剔除了下列公司年数据：(1) 金融类公司（I 类）。(2) 同时发行 B 股或 H 股的 A 股公司。(3) 合并前三年、合并后的当年和下一年有关数据缺失的公司，以及主营业务收入为零的异常公司。本书需计算合并前两年、合并后当年和下一年共 4 年的 DA，需要这些年度的财务数据。(4) 为了提高 DA 的回归效果，我们将同年度、同行业样本控制在 10 个以上，因此“木材、家具类公司（C2）”、“传播与文化类公司（L）”由于样本量太少也被剔除。(5) 本书关注内资事务所的合并情况，因此将“四大”事务所在中国的合作所予以剔除。(6) 为了剔除事务所变更对合并效果的影响，我们要求合并前一年和合并后的第二年没有发生事务所变更。(7) 对于连续两次合并，我们将其视为一次合并。最终得到用于审计质量研究的公司 303 家，前后共 4 年有1 212个公司的年数据。进一步剔除审计收费数据缺失的公司后，用于审计收费研究的公司有 255 家，前后共 4 年有1 020个公司的年数据。

---

① 对于上海立信长江、北京中天华正、福建闽都、广东羊城、南京永华等事务所建立立信品牌联盟，考虑到监管机构在资格认定、法律责任等方面还是区别对待各联盟所，而且各联盟所在人事管理、财务等方面相对独立，因此本书没有将这种联合作为合并处理。但笔者将这些合并纳入研究后的结果不变。

表 3-1　　我国证券市场 2006—2009 年间
证券审计所之间发生的合并案例

合并年度	合并所 1	合并所 2	合并所 3	合并所 4	合并后事务所名称
2006	信永中和	中兴宇			信永中和
2006	华证	厦门天健华天	北京中洲光华		天健华证中洲
2007	湖南开元	深圳天健信德			开元信德
2007	岳华	中瑞华恒信			中瑞岳华
2008	北京京都	天华（部分）			北京京都天华
2008	深圳大华天诚	广东恒信德律			广东大华德律
2008	天健华证中洲	重庆天健			天健光华
2008	浙江天健	浙江东方			浙江天健东方
2008	亚太中汇	中审（部分）			中审亚太
2009	北京五联方圆（部分）	万隆亚洲	中磊（部分）		国富浩华
2009	北京立信	广东大华德律	立信		立信大华
2009	浙江天健东方	开元信德			天健
2009	天健光华	中和正信(部分)			天健正信
2009	天职国际	北京大公天华			天职国际
2009	信永中和	北京五联方圆（部分）	四川君和	中和正信（部分）	信永中和
2009	中审亚太	中磊（部分）			中审亚太

为了检验事务所合并的市场反应，我们在涉及事务所合并，并在公司公告中披露了合并事件的 602 家上市公司的基础上，剔除不满足以下五个条件的公司：（1）为了避免其他事项对事务所合并事件的干扰，本书要求上市公司在披露公告中只审议或披露了事务所合并的信息。（2）综合样本容量考虑，要求在该公告披露日前

后各5个交易日内未同时披露其他任何信息。(3)有足够的交易天数和数据运用市场模型计算股票的期望正常收益。(4)为了提高行业回报率的参考意义，本书要求公司所在市场（深圳或上海）的全部行业公司家数不小于10家。(5)本书只关注内资事务所之间的合并，因此将安永大华合并到安永华明涉及的公司予以剔除。最终得到147家公司。

从理论上看，合并后的新事务所往往要实施统一的技术标准、质量控制等措施，而大所和小所由于在合并前的基础不同，合并对审计质量的影响可能存在差异。相对而言，合并前的小所的执业质量可能会有更大幅度的提升。在合并对审计收费的影响方面，也可能因为大所和小所各自面对的客户市场不同而有所不同。此外，我国注册会计师行业的“做大做强”战略的目的之一是重点扶持10家左右具有核心竞争力、能够跨国经营并提供综合服务的大型会计师事务所。不少事务所合并从某种程度上也是基于这个动机，为此，本书以下的数据分析部分也将区分大小所，以及事务所合并后是否进入内资十大排名。对于合并中的大小所的判断，我们采用各方合并前审计资产规模的排名加以判断，如果排名在20以内则为大所，否则为小所。对于合并后事务所是否达到内资十大事务所的规模，我们采用合并后当年事务所审计的上市公司的资产规模排名加以判断①。

本书数据来源于国泰安CSMAR数据库。数据处理主要采用SPSS11.5和SAS9.0。董事会上是否只审议或披露了会计师事务所合并事项，以及该公告披露日前后各5个交易日内是否披露了其他信息，我们通过手工逐个查找上海证券交易所和深圳证券交易所网站加以判断。

---

① 对于会计师事务所的规模排名，本书没有采用中注协每年发布的《会计师事务所综合评价前百家信息》，原因在于中注协的当年排名往往要在下一年发布，而有些下一年发生但在排名公布之前的合并，中注协直接将合并后的名称列入上一年的排名，导致有些事务所的收入口径不一致。本书也采用了李连军、薛云奎（2007）的资产排名与客户家数排名相结合的方法，结论不变。

3.3 实证分析与结果

3.3.1 描述性统计分析

1）审计质量和审计收费模型变量的描述性统计

表3-2是涉及事务所合并的公司在合并前后的｜DA｜和审计费用均值和独立样本T检验的结果。为减轻异常值的影响，我们对模型中连续变量的最大和最小的1%观察值进行了缩尾处理。

表3-2　合并前后的｜DA｜、Lnfee的均值及独立样本T检验

项目		｜DA｜			Lnfee		
		合并前	合并后	T检验	合并前	合并后	T检验
全部公司		0.059	0.067	2.206**	13.111	13.257	4.544***
大所	全部	0.055	0.064	2.142**	13.159	13.329	4.143***
	未进前十	0.048	0.064	1.414	13.040	13.100	0.682
	进前十	0.056	0.064	1.800*	13.175	13.363	4.217***
小所	全部	0.065	0.071	0.849	13.014	13.114	2.023
	未进前十	0.068	0.068	-0.078	13.001	13.094	1.232
	进前十	0.064	0.073	1.064	13.020	13.122	1.627

注：1. ***、**、*分别表示在1%、5%、10%的水平下显著，双尾检验。

2. 本书的“前十”都是指内资“前十”，下同。

根据表3-2可以发现：（1）合并后的｜DA｜总体上有所上升，T检验在5%水平下显著。这说明合并后审计质量并没有提高，反而还出现了下降。（2）审计收费总体上升，并在1%的水平下显著。（3）具体区分大小所后，发现大所审计公司的｜DA｜在5%

的水平上显著上升，而小所虽有上升但不显著。对于审计收费，发现审计收费显著上升主要源于大所（1% 水平显著），而小所的收费没有显著增长。（4）进一步区分小所在合并后是否进入前十名，发现两者的 | DA | 都没有显著的变化，审计收费也都没有显著上升。总体上看，单变量测试的结果整体上不支持假设 1 和假设 2。

其他控制变量的描述性统计方面，全部公司、合并前大所和小所的客户在合并后的 Lnasset 和 Sqsubs 都显著上升，大所客户的总资产增长率 Assetzz 也有显著上升（限于篇幅未列示）。

2）市场反应的描述性统计

图 3-1 是事务所合并所涉及的公司在（-5，5）事件窗口基于市场模型的 CAR 图。图 3-2 是基于具体所在市场的行业回报率的 CAR 图。上述两图中也区分了大小所。

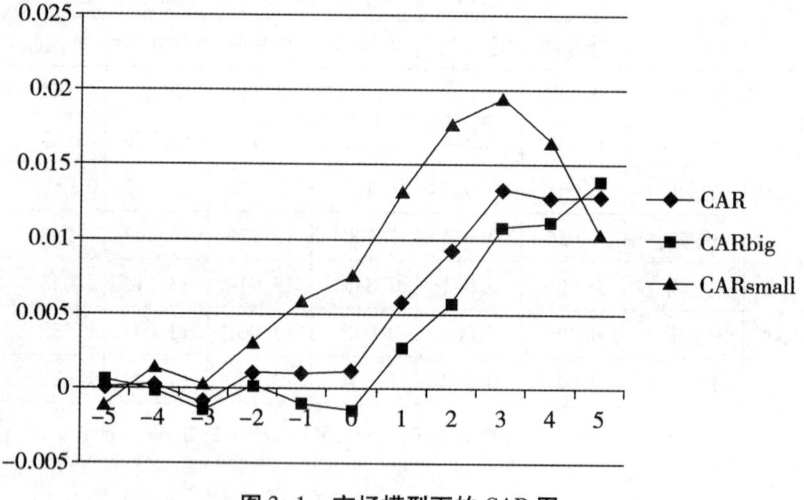

图 3-1 市场模型下的 CAR 图

根据图 3-1 和图 3-2，市场模型和基于行业回报率的 CAR 的检验结果较为一致。全部公司 CAR、大所审计公司的 CARbig、小所审计的公司 CARsmall 在事件发生日后逐渐上升，市场对事务所合并给予了正面的反应。相对大所审计的公司而言，CARsmall 在

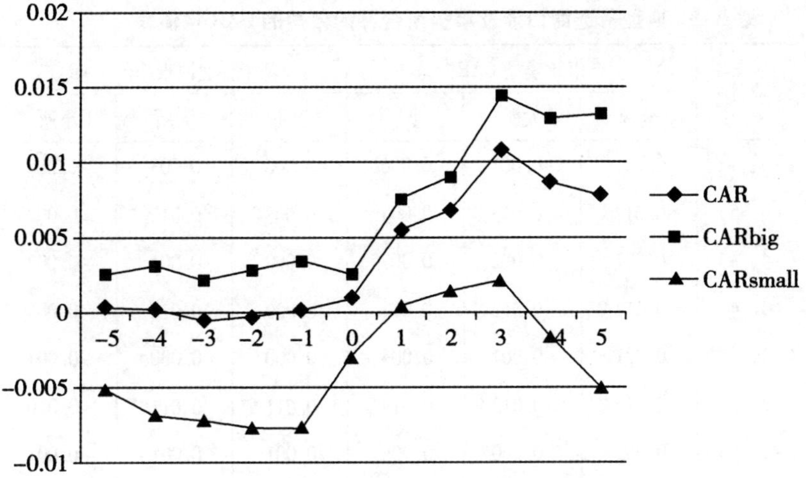

图 3-2 基于行业回报率的 CAR 图

合并公告日和接下来的三天有超额回报，但之后两天有所下降。

表 3-3 是公告日前后各 5 个交易日内的典型备选窗口的 CAR 均值。

根据表 3-3，总体上看，事务所合并事件在多个区间显著为正，综合图 3-1、图 3-2，测试结果支持了假设 3。对于小所审计的公司，其 CARsmall 显著为正的区间相对 CARbig 少些，也相对没那么显著，表明市场对大所审计的公司更为认可。

进一步分析样本特征表明，本书中合并前的大所在合并后都进入了前十。合并前的小所有部分与这些大所合并从而进入前十（涉及的公司有 20 家），而另外一些小所则没有（涉及 23 家公司）。细分这些小所审计的公司后发现，合并后进入前十的小所审计的公司在多个区间显著为正，其（-5，5）事件窗口的 CAR 图与大所相近（略低于大所审计公司）。导致表 3-3 中小所的个别区间 CAR 为负数的原因在于合并后未进入前十的那些小所审计的公司（限于篇幅，略）。

表 3-3 典型备选窗口涉及事务所合并的公司的 CAR 均值表

项目	市场模型 CAR			基于行业回报率的 CAR		
	全部	大所	小所	全部	大所	小所
(-5, -1)	0.001	-0.001	0.006	0.000	0.003	-0.008
(0, 5)	0.012 ***	0.015 ***	0.004	0.008 *	0.010 **	0.003
(-4, -1)	0.001	-0.002	0.007	0.000	0.001	-0.003
(0, 4)	0.012 ***	0.012 ***	0.011	0.009 **	0.010 **	0.006
(-3, -1)	0.001	-0.001	0.004	0.000	0.000	-0.001
(0, 3)	0.012 ***	0.012 ***	0.014 *	0.011 ***	0.011 ***	0.010
(-2, -1)	0.002	0.000	0.006	0.001	0.001	-0.001
(0, 2)	0.008 **	0.007 *	0.012 *	0.007 **	0.006 *	0.009 *
(0, 1)	0.005 *	0.004	0.007	0.005 **	0.004	0.008 *
(-1, 1)	0.005 *	0.003	0.010 *	0.006 **	0.005	0.008
(-2, 2)	0.010 **	0.007 *	0.017 **	0.007 **	0.007 *	0.009
(-3, 3)	0.013 ***	0.011 **	0.018 *	0.011 **	0.011 **	0.009
(-4, 4)	0.013 **	0.011 *	0.018 *	0.008 *	0.010 *	0.003
(-5, 5)	0.013 **	0.014 **	0.010	0.008 *	0.013 **	-0.005
N	147	104	43	147	104	43

注：***、**、* 分别表示在 1%、5%、10% 的水平下 T 检验显著，单尾检验。

3.3.2 多元回归分析

1) 审计质量模型的回归结果

表 3-4 是 | DA | 在合并前后的多变量分析结果，包括进一步区分大小所以及合并后是否进入前十的情况。可以看出，在控制了其他因素的影响后，在全样本、全部大所样本中，Merge 系数符号

为正，全部小所样本中 Merge 系数符号为负，但都不显著。进一步区分在合并后是否进入前十后，发现 Merge 系数仍不显著。多元回归结果表明合并没有显著提高审计质量，未能支持假设 1。这一检验结果也与李明辉（2011）、刘启亮等（2011）一致。[①]

表 3-4　**审计质量的多元回归结果**

项目	全部	大所			小所		
		全部	进前十	未进前十	全部	进前十	未进前十
Merge	0.004	0.005	0.001	0.017	-0.003	0.004	-0.005
Lnasset	-0.004 **	-0.001	-0.001	0.005	-0.007 **	-0.006	-0.006
Cfo	-0.068 ***	-0.079 ***	-0.097 ***	0.091	-0.056	-0.018	-0.152
Roa	0.202 ***	0.250 ***	0.38 ***	-0.201	0.199 ***	0.226 ***	0.156
Assetzz	0.070 ***	0.068 ***	0.069 ***	0.025	0.076 ***	0.081 ***	0.055
Lev	0.041 ***	0.044 ***	0.045 ***	0.010	0.031 **	0.033 *	0.038
Age	0.001 **	0.000	0.001	-0.003	0.002 **	0.003 **	0.001
Opin	0.043 ***	0.027 **	0.023	0.029	0.055 ***	0.067 ***	0.033
Loss	0.046 ***	0.046 ***	0.046 ***	0.025	0.046 ***	0.048 ***	0.038
N	1 212	808	712	96	404	280	124
F 值	24.47 ***	14.83 ***	15.19	2.374	9.98 ***	9.11 ***	1.78 *
Adj_ R^2	0.149	0.134	0.152	0.115	0.167	0.207	0.054

注：1. 表中数据为回归系数，***、**、* 分别表示在 1%、5%、10% 的水平下显著（2-tailed）。

2. 除了未进前十的大所和小所的 Roa 自变量的 VIF 达到 3.7 外，其他自变量都不超过 2.5，表明不存在严重的多重共线性。

2）审计收费模型的回归结果

表 3-5 是审计收费在合并前后的多变量分析结果。在全样本、

① 本文的研究结果与曾亚敏和张俊生（2010）不同，笔者认为合并案例选择上的差异是造成研究结果不同的主要原因。虽然曾亚敏和张俊生（2010）的合并案例也在 2006-2009 年，时间跨度与本文相同，但该文的 8 起合并案例中既有证券所之间的 4 起合并案例，又有证券所与非证券所之间的 3 起合并案例，还有涉及非严格意义上的合并的立信联盟案例。而本文主要关注证券所之间的 16 起合并案例，在具体的案例选择上与曾亚敏和张俊生（2010）的差别很大。

全部大所样本中，Merge 系数符号都显著为正。全部小所样本中 Merge 系数符号虽然为正，但不显著。区分在合并后是否进入前十后，发现如果合并前的大所在合并后规模排名进入前十名则收费显著上升，未进前十的有所下降但不显著。如果合并前的小所在合并后进前十则收费上升，未进前十的甚至有所下降，但结果仍都不显著。

表 3-5　　**审计收费的多元回归结果**

项目	全部	大所			小所		
		全部	进前十	未进前十	全部	进前十	未进前十
Merge	0.050**	0.072***	0.084***	-0.029	0.006	0.025	-0.047
Lnasset	0.271***	0.258***	0.262***	0.157***	0.265***	0.272***	0.189***
Sqsubs	0.092***	0.104***	0.110***	0.096***	0.082***	0.087***	0.170***
Aturn	0.122***	0.187***	0.175***	0.058	0.010	0.019	0.202**
Roa	0.199	0.517	0.653**	0.037	-0.431	0.052	-1.360
Lev	-0.107*	-0.023	-0.017	0.346	-0.056	-0.177	-0.253
Invrec	-0.181**	-0.388***	-0.307***	-0.375	0.022	0.150	-0.563**
Opin	0.067	0.117	0.125	-0.118	-0.072	-0.095	-0.057
Loss	0.070	0.060	0.034	-0.010	0.047	0.138	-0.168
Prov	0.149***	0.151***	0.200***	-0.188*	0.070	0.282***	-0.186
N	1 020	677	596	81	343	239	104
F值	131.2***	91.97***	91.48***	8.07***	45.05***	28.00***	6.87***
Adj_ R^2	0.561	0.574	0.603	0.469	0.563	0.596	0.443

注：1. 表中数据为回归系数，***、**、* 分别表示在 1%、5%、10% 的水平下显著（2-tailed）。

2. 除了未进前十的大所、小所的自变量 Roa 的 VIF 达到 3.7 外，其他自变量都不超过 2.5，表明不存在严重的多重共线性。

我们进一步分析大所和小所审计客户的规模，发现在合并前，大所和小所审计客户的资产均值（中位数）分别为38.56（21.90）亿元、28.19（14.70）亿元。

大小所的客户在规模上的不同，使其所面对的市场竞争环境也有所不同。在小客户审计市场，虽然合并减少了事务所的数量，但客户可以选择的事务所余地仍很大，即使是小所与大所合并进入内资十大也面临非常激烈的竞争。但是为争夺客户，事务所并没有明显提高审计收费。

对于合并后进入内资十大的前大所的收费上升，是不是因为合并使大客户可选择的、与其规模相匹配的事务所变少造成的呢(即市场势力变强因素)？笔者认为这不是主要原因。当前，我国证券审计市场整体上仍较为分散。根据笔者对国际四大合作所以及内资十大所的收入占全国百强所总收入的比重计算，经过近年来的合并，内资十大的收入占比逐步上升，从2006年的13.95%提高到2010年的27.78%，提高了近一倍，市场影响力显著上升；四大合作所的收入占比则从2006年的53.81%下降到2010年的41.19%。然而，这个市场集中度与英美国家“四大”事务所80%以上的份额相差甚远。以2010年度证券审计市场为例，收入份额最大的内资所中瑞岳华的市场份额也仅为4.50%。因此，事务所利用其市场势力提高审计收费的可能性较小。

笔者认为，合并后进入内资十大的前大所客户收费上升的原因之一可能是声誉溢价，因为市场对事务所合并做出了正面的反应，而且合并前大所的审计质量确实也高于小所（体现为大所的 | DA | 比小所低，限于篇幅，略)。审计收费溢价的另一个来源可能是政府的偏好或管制租金（张奇峰，2005)。内资十大作为相关部门重点扶持的对象，其审计质量会得到监管部门的更多青睐。公司聘任内资十大事务所并支付溢价能增加政府对公司财务信息的认可度，从而获取一定的管制便利（朱红军等，2004)。

3.3.3 稳健性测试

本书执行了以下稳健性测试：（1）采用基本琼斯模型计算操纵性应计利润 DA。此外，Kothari et al.（2005）对比了不同操纵性应计利润的计算方法，发现以当期总资产利润率进行匹配的方法最佳，在 Jones 模型基础上增加总资产利润率的结果次之。本书也采用在 Jones 模型基础上增加总资产利润率的方法计量 DA，然后检验事务所合并对审计质量的影响。（2）本书对于审计质量的检验是基于合并前两年与合并后两年的比较，检验结果与曾亚敏和张俊生（2010）不同。为此，本书也部分采用该文的方法，只比较合并前与合并当年的 DA，但结果仍表明审计质量没有提高。（3）在检验审计质量的模型中，使用未经缩尾处理的数据加以检验。此外，业绩指标由 Roa 换成 Roe；成长性指标由 Assetzz 换成市净率 PB；负债比率换成债务资本比率。（4）用发表非标意见的概率来衡量审计质量，进行 logistic 回归分析。（5）市场反应研究中，我们将事件期从事件日前后各 5 日扩展到前后各 10 日共 21 个交易日；将市场回报率从总市值改为流通市值计算；对于市场模型，估计系数的期间由 200 日减少至 100 日；采用市场调整模型，用个股日回报率直接减去市场日回报率计算 CAR。上述稳健性测试的结果显示，本书的研究结论没有实质性改变，这说明本书的检验结果是比较可靠的。

3.4 研究结论

本书基于 2006—2009 年我国证券市场上会计师事务所之间的合并案例，分析了合并对审计质量和审计收费的影响，以及我国证券市场对事务所合并的反应，发现：（1）合并后留在原事务所的公司的操纵性应计利润指标没有显著降低，合并没有显著提高审计质量，无论是合并中的大所还是小所。（2）合并导致事务所整体审计收费上升，但进一步区分大小所，以及区分事务所在合并后是否进入内资十大后发现，合并后进入前十的大所的审计收费定价上升，而小所无论是否进前十都没有显著变化。进一步的分析表明，合并后的内资十大对不同客户采用了不同的定价策略，对于大客户市场提高收费，对于竞争激烈的小客户市场则保持了收费水平不变。(3）市场对事务所合并做出了显著正面的反应，大所（同时也是内资十大所）更为突出，表明事务所合并得到市场的认可。

从事务所角度看，审计质量没有显著提高的原因可能在于：(1）我国的会计师事务所合并可能并非是完全的市场化行为，通过合并迅速提高规模以获取相关资质（如证券期货审计资格、H股审计资格)、参与政府项目竞标成为事务所常见的目的（李明辉，2011)。2006年以来的合并浪潮既有事务所的自愿因素，同时也与政府强有力的引导推动有关，后者的影响甚至可能超过前者。例如，财政部和中注协官员在不同场合鼓励我国会计师事务所通过合并“做大做强”，并提出“重点扶持10家左右具有核心竞争力、能够跨国经营并提供综合服务的大型会计师事务所”。H股企业审计资格中对年度收入的要求也促使一些事务所被迫通过合并迅速扩大收入规模[①]。为执业资质而合并的各方没有很强的动力去进行内部整合以提高审计质量，他们在合并后可能仍然各自承接业务、各自出具报告，合并也仅仅停留在报表数据的合并，缺乏实质性的整合，也就谈不上审计质量的提高。(2）会计师事务所合并以后，需要在内部治理、技术标准、质量控制、人员培训、文化等方面实施整合。整合的质量决定着合并的成败，审计质量没有显著提高的原因之一可能是事务所整合失败。

本部分研究的含义在于：(1）市场对内资十大事务所有了更高的认同，公司也愿意为合并后的十大支付更高的审计费用，这表

① 笔者并不是否定相关的执业资格准入制度。这种准入制度一方面可以限制事务所之间过度价格竞争而导致的质量下降，更重要的是，在我国证券市场民事法律责任不健全的背景下，它为已获得许可证的事务所降低审计质量提供了一种惩罚机制。

明内资十大事务所已经形成了自己的声誉，也在一定程度上显示出证监会、财政部与中注协在促使本土事务所做大做强，提升本土事务所声誉和市场竞争力的政策已经开始取得成效。（2）对事务所而言，在合并取得相关市场和执业资质的同时，要注意加强风险管理和质量控制等方面的整合，提高管理水平，否则合并得越多，风险可能越大。（3）对于监管部门而言，应加强对事务所合并质量的监管，引导本土事务所在做大的基础上进一步做强。尤其关注合并后的事务所是否采用统一的技术标准和质量控制措施，关注事务所合并后的内部治理和管理制度等方面的整合情况，是否实现了实质上的融合，并将其作为事务所执业质量检查的重要内容。

本部分研究的局限性在于：（1）会计信息质量有多种计量指标，本书在研究审计质量时仅采用了操纵性应计利润指标和审计意见来衡量审计质量，研究结论得出合并没有显著改善审计质量。（2）整合可能需要较长时间才能实现，而本书受样本的限制仅检验了事务所在合并当年和第二年的审计质量是否提高。因此，审计质量没有显著提高的原因也可能是整合尚未完成。

审计质量没有显著提高还可能有一种原因：在合并后，盈余管理程度低或未来盈余管理动机较低的客户可能留在了合并后的事务所，而未来盈余管理动机高的客户由于预料到合并后事务所的审计要求更加严格，因此变更了事务所。如果事实如此，那么我们仍然可以认为合并的效果是积极的。因此，在下一章中我们将从客户流向角度，进一步比较合并后变更了事务所的公司盈余管理变化。同时，还可以分析事务所合并前后在客户承接方面的质量控制变化。

4 会计师事务所合并绩效：变更事务所的公司样本

4.1 合并背景下客户发生审计师变更的理论研究

Healy 和 Lys（1986）直接分析了在非八大事务所与八大事务所合并后，非八大事务所客户的反应以及客户的变更情况。Charles J. P. Chen、Xijia Su 和 Xi Wu（2010）通过对安永大华的合并案例进行分析，指出在国际四大会计师事务所与中国当地的会计师事务所合并的情况下，客户发生审计师变更与客户结构特征及其变化、会计师事务所客户组合管理、审计费用、客户跟随行为等因素的关系。本章我们将借鉴 Charles J. P. Chen、Xijia Su 和 Xi Wu（2010）的研究方法，从审计师变更角度，进一步比较合并后变更了事务所的公司特征及变化、盈余管理变化、风险管理、审计收费，从而间接推断会计师事务所合并的绩效。

4.1.1 概念框架

借鉴 Charles J. P. Chen、Xijia Su 和 Xi Wu（2010），结合本书的研究对象，图 4-1 列出了小所合并成为大所后，其客户发生审计师变更的概念框架。

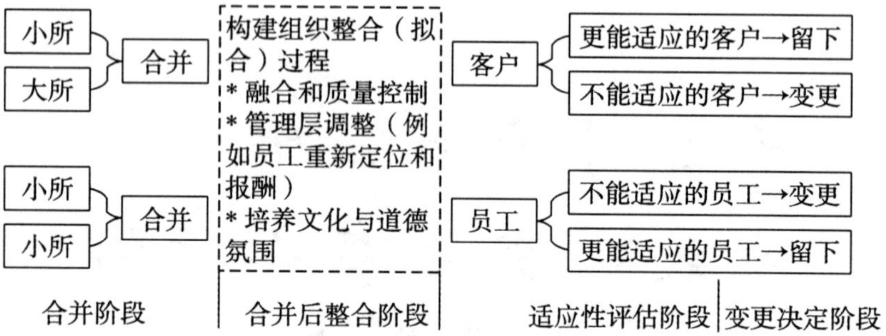

图 4-1　合并后事务所变更的概念框架

1）会计师事务所合并后的整合阶段

根据已有文献，不同规模的会计师事务所在客户组合和审计过程的结构上存在重大差异。因此，小所合并后的组织整合阶段涉及现有客户组合和定价政策的调整，引进其他会计师事务所更先进的审计方法和质量控制，重新安排管理事务（如对各层次的员工进行重新定位，重新制定薪酬方案），以及培养新的文化与道德氛围等。

2）适应性评估阶段

整合过程不仅影响小所的客户，还影响小所的员工。大量关于会计师事务所重组的文献表明，客户通过考虑以下因素来评估他们是否适应合并后的会计师事务所：（1）客户结构特征。（2）减少审计费用的动机。（3）对会计处理和审计实务等潜在冲突的容忍程度。（4）合并后的会计师事务所在客户组合管理方面的政策。还有一些研究认为，会计师事务所员工也会评估他们是否适应合并后会计师事务所的经济、职业和文化等方面因素。从概念上讲，在适应性评估阶段，会计师事务所的客户和员工都会出现更能适应和更不能适应合并后形成的新事务所这两种状况。

3）变更决定阶段

之前的研究也表明，更能适应合并后形成的新会计师事务所的客户和员工更倾向于留在原来的会计师事务所，而不能适应的客户和员工更倾向于变更和离开会计师事务所。因此在正常情况下，不能适应的会计师事务所客户就会发生审计师变更，而事务所的员工就会离开现在的会计师事务所。

4.1.2　会计师事务所合并后客户发生审计师变更的影响因素

会计师事务所合并后，客户是否发生审计师变更与客户的结构特征、降低审计费用的动机、会计处理和审计实务潜在冲突的容忍程度以及合并后会计师事务所的客户组合管理政策等有关。因此，下面我们从客户结构特征及其变化、会计师事务所合并后的客户组合管理、盈余管理水平以及降低审计收费方面进行理论研究。

1）客户结构特征及其变化

选择会计师事务所通常是一项经济决策：客户会在可供选择的审计质量水平上，以最低的价格从提供服务的会计师事务所中购买审计服务，并且会因需要的服务数量和类型的变化而发生审计师变更。当小所合并成为大所后，小所的客户就面临留在合并后新形成的事务所（合并后的事务所规模更大、更有声誉）或变更到其他小所[①]（规模更小，声誉相对更低）的选择。具有专业化技能和声誉的事务所能够在其他事务所很难进入的特定细分市场提供服务。因此，规模大、发展迅速的客户以及预期要发行长期债券和股票的客户会有留在合并后的大所[②]的动机，因为大所的声誉和综合服务对这些客户来说更有价值。没有这些需求的客户可能会发现，如果继续聘用合并后的大所，他们需要为与他们需求不一致的服务支付更高的费用。

① 其他小所是指没有发生合并的内资非十大会计师事务所，以及发生了合并，但合并后仍然是内资非十大所的会计师事务所。
② 合并后的大所是指发生合并成为内资十大所的会计师事务所。

2）会计师事务所合并和客户组合管理

会计师事务所合并会导致客户和会计师事务所的重新组合。事务所辞聘主要是由于客户与事务所的风险控制标准不匹配引起的。因为在小所合并成为大所后，新成立的事务所规模增大、声誉提高，其诉讼风险也增大。另一方面，声誉的提高也可能给事务所带来更优质的、风险更低的客户。为了保护其声誉，降低诉讼风险，新形成的大所往往采用更高的风险控制标准，小所的老客户将会被重新审核，如果这些客户风险太高，会计师事务所就会主动辞聘，以避免法律责任。

3）盈余管理水平

现有研究表明，规模大的事务所通过欺骗来保留一个客户的动机更低，因为如果会计师事务所被检查或披露出低于承诺的审计质量，他们将会从所有其他客户那里失去“准租”，因此，会计师事务所规模越大，审计质量越高（DeAngelo，1981）。小所合并成为大所后，其从业人数、资本规模将得到提升，而且由于声誉的提升，合并后的会计师事务所还可能吸引新的客户，其客户规模将会变大，这将导致会计师事务所总准租的提高以及对特定客户依赖度的降低，从而提高会计师事务所的独立性，进而有助于提高审计质量，降低公司盈余管理程度。另外，由于规模大的会计师事务所更可能遭到诉讼风险，因此，合并后的会计师事务所有更高的动机去提供高质量的服务，以防止潜在的源自“审计失败”的重大损失。对于原先由合并前的小所审计的、盈余管理水平较高的客户，就可能会因为在盈余管理水平上与合并后的会计师事务所难以达成一致，从而导致客户发生审计师变更。而原先盈余管理水平就较低的客户就可能会留在合并后的大所。

4）降低审计收费

现有的研究表明，规模大的会计师事务所的审计收费较高。当小所合并成为大所后，新事务所的规模、声誉和服务质量预计会提高，所以预期其审计收费也会上升。如果小所客户并不需要高质量的审计服务，或者事务所良好的声誉对公司的影响较小，审计收费的上升会阻碍客户继续聘用现任审计师。但如果合并后会计师事务所的审计费用是逐渐上升或不变的，那么这些客户是发生还是不发生审计师变更就不是很确定。如果审计费用不是客户最关心的，那么除非审计费用大幅上升，不然他们没有变更会计师事务所的动机，因为客户可以以较低的价格购买更高质量、信誉良好的服务。

4.2　合并背景下客户发生审计师变更的实证研究

综合上述文献和理论研究，本章主要针对“非十大所”合并成为“十大所”的案例，基于变更了事务所的上市公司客户，对其结构特征及其变化、事务所合并后客户组合管理、盈余管理水平、审计收费这四个方面分别进行独立样本 T 检验和多元回归分析，来了解合并后事务所的审计质量控制情况以及上市公司的审计需求情况。

4.2.1　样本选择与数据来源

1）样本选择

本章选取 2007—2009 年在合并前排名内资“非十大”、在合并后成为内资“十大”事务所的合并案例，研究其客户在合并后发生审计师变更的原因。因此，本书以这些事务所审计的 A 股上市公司作为初始样本。会计师事务所和上市公司样本的具体筛选过程如下：

（1）会计师事务所的筛选

我们根据中注协网站和上市公司披露的合并公告来判断会计师事务所的合并信息。按合并前后事务所是否为内资“十大”（以下将内资十大所称为大所，将内资非十大所称为小所）①，可将合并分为以下几种类型：①大所之间发生合并后仍为大所；②小所之间发生合并后仍为小所；③小所之间发生合并后成为大所；④小所和大所合并成为大所。本书研究的是后两种类型的合并案例中的小所的客户情况。具体包括的合并案例见表4-1和表4-2，其中，表4-1是小所之间发生合并成为大所的合并案例，表4-2是小所和大所合并成为大所的合并案例。

表4-1　　小所之间发生合并成为大所的情况

合并年份	合并对象——小所	合并成为大所	研究对象：小所
2008	北京京都、北京天华中兴	北京京都天华	北京京都、北京天华中兴
2008	天健华证中洲（北京）、重庆天健	天健光华	天健华证中洲（北京）、重庆天健
2009	中磊、中审亚太	中审亚太	中磊、中审亚太

（2）上市公司的筛选

在表4-1和表4-2中所选择事务所的客户公司的基础上，我们再剔除下列公司：

①金融类公司（I类）。由于金融保险行业的上市公司与其他行业上市公司的特征有明显的差别，加上我国证券市场中处于金融保险行业的企业数量较少，所以本书剔除该类上市公司。

②同时发行B股或H股的A股公司。这些公司同时要面临境内和境外双重的监管环境和双重的审计，并且拥有境内和境外的投资者，这就使得其选择会计师事务所的动机会有所不同。因此，为了达到本书的研究目的，本书剔除了这些公司。

① 是否发生合并以及变更的会计师事务所规模，本书根据中国注册会计师协会每年发布的《会计师事务所综合评价前百家信息》，排名前十的内资事务所为十大事务所（大所），其他内资事务所为非十大事务所（小所）。

表 4-2 小所和大所合并成为大所的情况

合并年份	合并对象		合并成为大所	研究对象：小所
	小所	大所		
2007	广东羊城	立信联盟	立信羊城	广东羊城
2007	南京永华	立信联盟	南京立信永华	南京永华
2007	中兴宇	信永中和	信永中和	中兴宇
2008	浙江东方	浙江天健	浙江天健东方	浙江东方
2008	亚太中汇	中审	中审亚太	亚太中汇
2009	北京五联方圆、中磊	万隆亚洲	国富浩华	北京五联方圆、中磊
2009	北京立信、广东大华德律	立信	立信大华	北京立信、广东大华德律
2009	福建立信闽都	立信	立信中联闽都	福建立信闽都
2009	开元信德	浙江天健东方	天健	开元信德
2009	中和正信、重庆天健	天健光华	天健正信	中和正信、重庆天健
2009	北京大公天华	天职国际	天职国际	北京大公天华
2009	北京五联方圆、四川君和、中和正信	信永中和	信永中和	北京五联方圆、四川君和、中和正信

③剔除因前任审计师被撤销以及因国资委文件规定而发生强制性变更审计师的公司。在这种情况下发生的审计师变更不符合本书的研究目标，因此本书剔除该类变更的上市公司。

本书将合并后两年内发生变更作为发生审计师变更的客户样本，在合并后两年内未变更作为未发生审计师变更的客户。最终得到 368 家公司，其中，合并后两年内不发生审计师变更的客户有 302 家，发生审计师变更的客户有 66 家，发生审计师变更的客户中，变更到小所的为 31 家，变更到其他大所的为 35 家①。

① 这里说的“变更到小所”中的“小所”，是指排名在十名以后的内资非十大会计师事务所；“变更到其他大所”中的“其他大所”是未经过合并就是内资十大所的会计师事务所，或者十大所之间发生合并而形成的新的内资十大会计师事务所。

2）数据来源与处理

本书的研究数据主要来自于：

（1）CSMAR 中国公司研究系列数据库；

（2）CCER 经济金融研究数据库；

（3）深证证券交易所和上海证券交易所网站公布的上市公司董事会公告；

（4）中国证券监督管理委员会网站（www. csrc. gov. cn）和中国注册会计师协会网站（www. cicpa. org. cn）公布的有关资料以及上市公司年度报告。

本书的数据处理主要采用“统计产品与服务解决方案”软件 SPSS19. 0 实现。

4. 2. 2 客户结构特征及变化

1）假设的提出

规模大的会计师事务所和规模小的会计师事务所有两方面的区别：一是专业化的服务，二是会计师事务所的声誉①。合并成为大所后，会计师事务所规模明显增大，大所与小所在以上两方面也就存在区别。

（1）专业化的服务

会计师事务所合并会带来因规模提升而产生的规模效应，大所能够利用规模经济以比小所更低的价格提供专业化的服务。比如大所一般在全国很多城市都有分所，而未合并前，小所一般只是在一个或几个城市有分所。因此，我们认为这一区别使那些规模大的全国性企业（比如那些在全国各地都有分支结构的上市公司）会选择在这些地方有分所的大所进行审计。虽然有些小所也在这些地方有分所，但我们认为这些小所不像大所那样有如此广的地域分布也

① HEALY P，LYS T. Auditor changes following big 8 mergers with non-big 8 firms ［J］. Journal of Accounting and Public Policy，1986，5（4）：251-265.

不像大所那样能提供如此专业化的服务。虽然一些客户可能会让不同地区的分支结构选择不同的事务所来审计，但如果由一家会计师事务所审计会降低审计协调成本（audit coordination costs），客户就有选择在各地有分所的大所进行审计以降低审计费用的经济动机①。

规模大的事务所还提供股票发行与上市、公司改制、企业重组、资本运作、财务咨询、管理咨询、税务咨询等多元化服务。有这些服务需求的上市公司就会聘用规模大的事务所（大所），而没有这些需求的公司就会聘用规模小的事务所（小所），因为如果他们继续聘用大所，就需要为与他们的需求不一致的高质量服务支付更高的费用。

我们假设客户的规模和规模的增长速度代表了客户分散的地域以及复杂的审计报告等，那么根据上述分析，在会计师事务所合并为大所后，规模大、成长性高的客户可能会选择大所，规模小、缓慢成长或减速成长的客户更有可能变更到小所。

（2）会计师事务所的声誉

通常，公司管理层为了让资本市场参与者得到可信的财务数据，需要聘用具有独立性的会计师事务所（Jensen 和 Meckling，1976；Watts，1977；Simunic，1980）。而会计师事务所的这种独立性，能够使经过其审计的财务报表数据的可信度增强。审计质量越高，财务报表数据的可信度就越强，审计对资本提供者的价值就越大。

但是观察和测量审计质量要付出昂贵的代价，而管理层和股东不知道事务所提供的审计质量水平，也不能保证事务所一定会提供合同约定的审计质量。这时，会计师事务所的声誉或品牌就为这两方面提供了重要信息。声誉或品牌代表了事务所向其客户保证他们

① HEALY P，LYS T. Auditor changes following big 8 mergers with non-big 8 firms [J]. Journal of Accounting and Public Policy，1986，5（4）：251-265.

将得到与合同约定一致的审计质量①。一旦公众发现事务所没能提供合同约定的审计质量，其声誉或品牌的价值将消失，这对事务所而言损失是极大的，因此事务所有维护其声誉或品牌的动机。所以，声誉或品牌可以代表审计报告的质量，从而降低报表使用者的信息成本。

小所合并成为大所后有更高的声誉或品牌价值，他们更有动机提供高质量的审计服务。对于预期要在金融市场上发行长期债券或股票的客户来说，大所的声誉是很有价值的，因为大所的声誉降低了潜在外部投资者评估审计报告的成本，从而提高了新发行的债券或股票的价格。相反，要通过内部融资或预期不增加外部融资的客户，大所的声誉对其价值很低。

因此，在小所合并成为大所后，预期要进行外部融资（如发行债券或股票）的小所客户可能会选择大所②，通过内部融资或预期不增加外部融资的小所客户更有可能会变更到小所，以免合并可能带来的审计费用提高使他们多支付与需求不符的成本。

总之，我们预期小所合并为大所后，小所客户是否会发生审计师变更与公司规模、成长性以及客户的融资计划有关。同时，我们进一步区分合并后发生审计师变更的客户的继任审计师排名情况，即客户在事务所合并后是变更到大所还是变更到小所。因此我们提出以下假设：

假设1a：会计师事务所合并后，变更到小所的客户的规模、成长性、外部融资需求低于不发生审计师变更的客户。

假设1b：会计师事务所合并后，变更到小所的客户的规模、成长性、外部融资需求低于变更到其他大所的客户。

---

① KLEIN B, CRAWFORD R, ALCHIAN A. Vertical integration, appropriable rents and the competitive contracting process [J]. Journal of Law and Economics, 1978 (10): 297-32.

② “选择大所”中的“大所”是指内资十大所，是指在小所合并成为大所后，小所客户不发生审计师变更（即留在合并形成的大所）或者变更到其他大所。

2）实证分析

（1）模型选择和变量定义

为检验假设1a和假设1b，我们需要合并前3年以及合并当年和合并后2年共6年的数据，我们在368家公司中，剔除在此期间有关数据缺失的公司，得到326家公司，其中，合并后两年内未发生审计师变更的公司为265家，变更到小所的公司为29家，变更到其他大所的公司为32家。

前面我们已经预期小所客户合并后是否发生审计师变更，与客户的规模、成长性以及未来发行新债券和股票的计划有关。参照Healy和Lys（1986）的做法，设置以下变量：

$Size_t$=第t年总资产账面价值的自然对数

$$\text{Pre-switch Growth} = (Size_t - Size_{t-2}) \div Size_{t-2}$$

$$\text{Post-switch Growth} = (Size_{t+3} - Size_{t+1}) \div Size_{t+1}$$

$$\text{Pre-switch } \Delta Debt = (\text{Total Liabilities}_t - \text{Total Liabilities}_{t-2}) \div \text{Total Liabilities}_{t-2}$$

$$\text{Post-switch } \Delta Debt = (\text{Total Liabilities}_{t+3} - \text{Total Liabilities}_{t+1}) \div \text{Total Liabilities}_{t+1}$$

$$\text{Pre-switch } \Delta Cap = (\text{Contributed Capital}_t - \text{Contributed Capital}_{t-2}) \div \text{Contributed Capital}_{t-2}$$

$$\text{Post-switch } \Delta Cap = (\text{Contributed Capital}_{t+3} - \text{Contributed Capital}_{t+1}) \div \text{Contributed Capital}_{t+1}$$

上述模型中的变量定义如下：

t代表合并前一年，如果公司在2007年合并，那么t就代表2006年；如果公司在2008年合并，那么t就代表2007年。

Size是公司规模；

Pre-switch Growth是合并前公司规模的增长；

Post-switch Growth是合并后公司规模的增长；

Pre-switch ΔDebt是合并前公司总负债的增长；

Post-switch ΔDebt是合并后公司总负债的增长；

Pre-switch ΔCap是合并前公司股本的增长；

Post-switch ΔCap 是合并后公司股本的增长。

（2）单变量分析

我们将小所的客户群分为变更到小所的客户、变更到其他大所的客户以及未发生审计师变更的客户，分析比较这些客户在规模、成长性以及外部融资需求方面的差异。我们采用独立样本 t 检验对这些情况进行分析。表 4-3 列示了检验结果。

表 4-3　　**客户结构特征及变化的独立样本 T 检验**

变量	检验项目	变更到小所 vs. 不变更		变更到小所 vs. 变更到其他大所	
		变更到小所	不变更	变更到小所	变更到其他大所
$Size_t$	平均值	20.704	21.454	20.704	21.278
	Std. Deviation	0.938	1.185	0.938	1.337
	T 检验	-3.295***		-1.924*	
Pre-switch growth	平均值	0.028	0.014	0.0275	0.006
	Std. Deviation	0.145	0.031	0.145	0.029
	T 检验	0.508		0.814	
Post-switch growth	平均值	0.004	0.014	0.004	0.019
	Std. Deviation	0.046	0.0267	0.046	0.033
	T 检验	-1.877		-1.517	
Pre-switch Δdebt	平均值	0.673	1.124	0.673	0.857
	Std. Deviation	2.514	3.922	2.514	1.998
	T 检验	-0.606		-0.319	
Post-switch Δdebt	平均值	0.464	0.911	0.464	0.954
	Std. Deviation	1.697	5.392	1.697	2.622
	T 检验	-0.443		-0.856	
Pre-switch ΔCap	平均值	0.168	0.447	0.168	0.314
	Std. Deviation	0.441	0.781	0.441	0.479
	T 检验	-2.940***		-1.235	
Post-switch ΔCap	平均值	0.074	0.239	0.074	0.393
	Std. Deviation	0.175	0.437	0.175	0.692
	T 检验	-3.924***		-2.522**	
N		29	265	29	32

注：***、**、*分别表示在 1%、5%、10% 的水平下显著，双尾检验。

根据表4-3，我们发现：

①合并前一年，变更到小所的 $Size_t$ 平均值是20.704，比未发生审计师变更的客户的 $Size_t$ 小，并且差距在1%的水平上显著，也显著小于变更到其他大所的 $Size_t$（平均值是21.278）。这说明会计师事务所合并后，规模小的客户更倾向于变更到小所，而规模大的客户更倾向于选择大所[①]，这与 Healy 和 Lys（1986）的研究结论是一致的。

②研究没有发现在合并后未发生审计师变更的客户或变更到其他大所的客户的 Pre-switch growth 显著高于变更到小所的客户，相反，未发生审计师变更的客户以及变更到其他大所的客户的 Pre-switch growth 都小于变更到小所的客户，但这种差距是不显著的。同时，我们也发现，变更到小所的客户其 Post-switch growth 比 Pre-switch growth 小，将近是 Pre-switch growth 的1/9，说明企业成长性低的客户大多在会计师事务所合并成为大所后变更到小所。不变更审计师或变更到其他大所的客户其 Post-switch growth 大多较 Pre-switch growth 略微上升，这说明企业成长性加快的客户更倾向于选择大所，而成长性减慢的客户更倾向于变更到小所。但研究没有发现变更到小所的客户的 Post-switch growth 显著高于未发生审计师变更或变更到其他大所的客户。这与我们的假设总体一致。

③观察会计师事务所合并前后，小所客户的债务融资情况分析结果，发现未发生审计师变更或变更到其他大所的客户 Pre-switch Δdebt 和 Post-switch Δdebt 都比变更到小所的客户高，但差距不显著。变更到小所与未发生审计师变更的客户相比，合并前的 t 值是-0.606，合并后的 t 值是-0.443，而变更到小所与变更到其他大所的客户相比，合并前的 t 值是-0.319，合并后的 t 值是-0.856。

④股权融资方面，变更到小所的客户的 Pre-switch ΔCap 和 Post-switch ΔCap 都要显著低于未发生审计师变更的客户。变更到

① “选择十大所”包括不变更事务所或变更到其他十大所，下同。

小所客户的 Post-switch ΔCap 要显著低于变更到其他大所的客户。因此，股权融资增长率高的客户更倾向于留在合并后的大所或变更到其他大所，而股权融资增长率低的客户更倾于变更到小所，且结果是显著的。这与我们的假设一致。

以上研究结果基本支持我们的假设。虽然未能发现变更到小所的客户规模增长速度比选择大所的客户快，但我们发现，规模大以及成长性加快的客户更倾向于选择大所，而规模小以及成长性减慢的客户则更倾向于变更到小所。没有显著的证据表明，债务融资需求大的客户有选择大所的需求。但股权融资需求大的客户更倾向于选择大所进行审计，相对来说该需求小的客户倾向于变更到小所。

这可能是因为我国发行公司债的做法还不是很普遍，2007 年 8 月 14 日，中国证监会才正式颁布实施《公司债券发行试点办法》，标志着我国公司债券发行工作正式启动。而银行更倾向于向客户提高短期贷款，因此对于需要通过大量外部融资进行长期投资的客户来说，债务融资不是很好的选择。而股票市场相对成熟，一旦增发股票就可以得到大量长期资金来满足企业的投资需求。因此在我国，外部债务融资对客户选择会计师事务所的影响不是很大，而股权融资增长率的高低就能对客户选择会计师事务所产生较大影响。

4.2.3 会计师事务所合并与客户组合管理

1）假设的提出

Menon 和 Williams（1991）、Bockus 和 Gigler（1995）、Krishnan（1997）对上市公司进行调研，发现在某些情况下，会计师事务所向上市公司主动辞聘的概率要显著高于上市公司解聘会计师事务所的概率。特别是在上市公司处于财务危机中时，其面临重大资产重组并且经营风险较大，而会计师事务所难以接受该类客户的风险水平，从而会导致客户发生审计师变更。Shu（2000）通过实证研究发现，遭到会计师事务所主动辞聘的客户的风险要显著高于没有遭到会计师事务所辞聘的客户，比主动解聘的客户的诉讼风险更高。

由于规模大的会计师事务所在审计失败后会比规模小的会计师事务所产生更多的损失，比如预算外的诉讼损失以及会计师事务所声誉的降低，因此规模大的会计师事务所更倾向于规避风险[①]。会计师事务所可以通过评估客户的风险情况，从而解聘诉讼风险过高的客户（比如那些具有财务危机或收到非标准意见审计报告的客户），保留那些风险低的客户。

那么，小所在合并成为大所后，其客户是否由于合并后会计师事务所风险控制标准提高、进行客户组合管理而发生变更呢？小所合并成为大所后，规模增大、声誉有所提高，更倾向于规避风险过高的客户，以避免审计失败导致的诉讼损失和声誉损失。新成立的内资“十大所”会对自身原有的客户进行评估，观察他们是否符合事务所合并后采用的风险控制标准，那些风险过高的客户就更容易遭到新成立的内资“十大所”的辞聘，从而使这些客户发生审计师变更。由于其他大所也规模大、声誉高，因此也有规避高风险客户的需求，那些被其他大所接受的客户就可能不是因为客户风险过高遭到前任审计师辞聘而发生变更，而是客户主动解聘或其他原因。那些变更到小所的客户则更可能是因为合并后的会计师事务所进行客户组合管理，需要降低客户风险，从而遭到前任审计师辞聘而发生变更。

本书用非标准审计意见、亏损、扣除非经常性损益后的亏损以及扣除非经常性损益后的资产收益率来作为评估上市公司风险的指标。因此，我们提出以下假设：

假设2a：会计师事务所合并后，变更到小所的客户变更前的风险显著高于不发生审计师变更的客户。

---

① JONES F L, RAGHUNANDAN K. Client risk and recent changes in the market for audit services［J］. Journal of Accounting and Public Policy, 1998, 17：169-181.

假设2b：会计师事务所合并后，变更到小所的客户变更前的风险显著高于变更到其他大所的客户。

2）实证分析

（1）样本选择和变量定义

为了研究小所合并成为大所后，其客户是否由于事务所风险控制标准提高、进行客户组合管理而发生变更，我们需要发生合并的小所客户变更前一年的相关数据，因此在上述368家公司的基础上，剔除数据不全的公司，最后得到354家公司，其中，合并后两年内不发生审计师变更的有291家，变更到小所的有30家，变更到其他大所的有33家。

本书用非标准审计意见、亏损、扣除非经常性损益后亏损、扣除非经常性损益后的总资产收益率作为评估上市公司风险的指标。本书的变量定义如下：

Opin：是审计意见的哑变量，非标准审计意见取1，标准无保留意见取0；

Loss：是变更前一年亏损公司的哑变量，亏损取1，其他为0；

Aftloss：是变更前一年扣除非经常性损益后的亏损，亏损取1，其他为0；

Aftroa：是变更前一年扣除非经常性损益后的净利润除以变更前一年期末总资产，是代表公司绩效的指标，该指标越高，公司风险越低。

（2）描述性统计分析

中注协每年都会发布年报审计情况报告，在这些报告中会列出收到非标准无保留意见审计报告或产生亏损的上市公司，我们一般认为收到非标准无保留意见审计报告或者产生亏损的客户风险更高，有这些特征的客户更可能会因遭到审计师辞聘而发生审计师变更。表4-4、表4-5和表4-6分别列出了合并成为大所的小所客户在变更前一年收到非标准无保留审计意见和亏损的情况。

表4-4 变更前一年审计意见是否非标及会计师事务所变更统计

项目	变到小所	变到大所	未发生审计师变更	合计
非标准审计意见	8（26.67%）	4（13.33%）	17（5.84%）	29（8.19%）
标准审计意见	22（73.33%）	29（86.67%）	274（94.16%）	325（91.81%）
合计	30（100%）	30（100%）	291（100%）	354（100%）

表4-5 变更前一年是否亏损及会计师事务所变更统计

项目	变到小所	变到大所	未发生审计师变更	合计
亏损	8（26.67%）	5（15.15%）	24（8.25%）	37（10.45%）
未亏损	22（73.33%）	28（84.85%）	267（91.75%）	317（89.55%）
合计	30（100%）	33（100%）	291（100%）	354（100%）

表4-6 变更前一年扣除非经常性净损益后是否亏损及会计师事务所变更统计

项目	变到小所	变到大所	未发生审计师变更	合计
扣除非经常性损益后亏损	19（63.33%）	10（30.30%）	50（17.18%）	79（33.32%）
扣除非经常性损益后未亏损	11（36.67%）	23（69.70%）	241（82.82%）	275（76.68%）
合计	30（100%）	33（100%）	291（82.20%）	354（100%）

由表4-4、表4-5和表4-6我们发现，收到非标准审计意见、亏损或扣除非经常性损益后亏损的客户在合并后变更到小所的比例都高于变更到大所的比例，也都高于未发生审计师变更的比例。因此，我们可以初步认为，变更到小所的客户风险比变更到大所的客户和未发生审计师变更的客户都高，会计师事务所为了降低客户群风险，进行客户组合管理，从而主动辞聘。

（3）单变量检验

我们分别对审计报告意见（Opin）、亏损（Loss）、扣除非经常性损益后亏损（Aftloss）以及扣除非经常性损益后的资产净利率（Aftroa）进行独立样本T检验，评估变更到小所、变更到其他大所以及不发生审计师变更的客户的风险情况。见表4-7。

表4-7　　**变更前一年客户风险的独立样本T检验**

变量	检验项目	变更到小所 vs. 不变		变更到小所 vs. 变更到其他大所	
		变到小所	不变	变到小所	变更到其他大所
Opin	平均值	0.27	0.06	0.27	0.12
	Std. Deviation	0.45	0.235	0.45	0.331
	T检验	-2.501**		-1.449	
Loss	平均值	0.27	0.08	0.27	0.15
	Std. Deviation	0.45	0.276	0.45	0.364
	T检验	-2.201**		-1.110	
Aftloss	平均值	0.63	0.17	0.63	0.3
	Std. Deviation	0.49	0.378	0.49	0.467
	T检验	-5.006***		-2.739***	
Aftroa	平均值	-0.064	0.019	-0.064	-0.035
	Std. Deviation	0.111	0.099	0.111	0.156
	T检验	-3.901***		-0.823	
N		30	291	30	33

注：***、**分别表示在1%、5%的水平下显著，双尾检验。

根据表4-7，我们发现：

①比较变更到小所的客户和不发生审计师变更的客户后，我们发现，变更到小所的客户的Opin、Loss、Aftloss显著高于不发生审计师变更的客户，也就是说，在收到非标准审计意见类型或发生亏损后，客户大多数都变更到小所，而不是留在合并后的事务所。并且变更到小所的客户的Aftroa是负数（平均值=-0.064），比不发

生审计师变更的客户低（平均值=0.019），且他们的差距是显著的（t=-3.901）。支持我们的假设2a。

②通过比较变更到小所与变更到其他大所的客户后，我们发现变更到小所的客户的 Opin、Loss 高于变更到其他大所的客户，但差距不显著，变更到小所的客户的 Aftloss 显著高于变更到其他大所的客户，也就是说，虽然有更多的客户在收到非标准审计意见类型或产生亏损后变更到小所，而不是变更到其他大所，并且变更到小所客户的 Aftroa 小于变更到其他大所的客户（平均值=-0.035），但差距不显著（t=-0.823），这表明不管是变更到小所的客户还是变更到其他大所的客户，他们的利润率都很低，即变更到其他十大所的客户的风险也较高，接近变更到小所的客户，其他大所接受了收到非标准审计意见以及发生亏损的高风险客户，不支持假设2b。

描述性统计以及单变量分析结果表明，变更到小所的客户风险要高于不发生审计师变更的客户，但变更到小所的客户风险与变更到其他大所的客户风险差别不显著。因此，我们的结论与事务所结构发生变化后会对客户组合进行管理的结论一致（Shu，2000；Johnstone 和 Bedard，2004）。小所合并成为大所后，规模增大、声誉提高，事务所采用更高水平的风险控制标准，对其客户进行组合管理，从而向那些高风险客户辞聘，使客户发生审计师变更。

变更到其他大所的客户风险也很高的原因可能有以下几点：

①对于原审计师而言，他们都对原客户进行过审计、检查、评估，比较了解客户的真实风险水平，因此能辨别出高风险客户，从而辞聘；而对于继任的审计师而言，他们在确定接受变更过来的客户之前，没有很多时间和精力对这些客户进行深入了解，对上市公司的经营方式、会计处理模式、历史上的财务状况和盈利能力等了解有限，对上市公司财务报告中的异常现象缺乏敏感性，只能简单地排除他们认为风险过高的客户，因此继任审计师接受了这些客户。

②本书只通过非标准审计意见、损益、扣除非经常性损益后的

损益以及扣除非经常性损益后的总资产利润率对客户风险进行判断，来说明事务所是否应该辞聘，而继任审计师有可能通过其他方面判断后，认为这些客户的风险是可以接受的。

4.2.4 盈余管理水平

1）假设的提出

对于盈余管理这一变量，可以从上市公司和会计师事务所两个视角进行分析。对上市公司而言，会计计量的基础是权责发生制而非收付实现制，这种制度给公司在经营成果的计量上提供了一个较大的可操作空间。特别是对于上市公司而言，为了吸引更多的投资者、提高经营者的报酬、降低违背贷款合约的可能性、进一步融资以及避免监管部门的干预，公司希望具有较好的财务状况和经营成果，故而存在进行盈余管理的可能性和动机。从会计师事务所方面，外部审计是一项重要的减轻上市公司代理问题的监督和保险机制，能减少财务报表错报的风险①，因此审计对约束上市公司的盈余管理很重要。这一过程就难免会出现对会计政策选择等意见的分歧，当二者矛盾不能调和时，就出现了审计师变更。公司可以通过审计师变更去避免以后继续被出具不“清洁”意见的可能，同时会计师事务所也可以规避过度盈余管理的客户给其带来的各种审计风险。

那么，为何有些客户会在会计师事务所合并后才发生审计师变更呢？会计师事务所合并会对公司盈余管理带来什么影响？

DeAngelo（1981）认为，规模大的事务所通过欺骗来保留一个客户的动机更低，因为如果会计师事务所被检查或披露出有低于承诺的审计质量，他们将会从所有其他客户那里失去“准租”，因此，会计师事务所规模越大，审计质量越高。在小所合并成为大所

① KINNEY W, MARTIN R. Does auditing reduce bias in financial reporting? —a review of audit-related adjustment studies [J]. Auditing: A Journal of Practice and Theory, 1994, 13 (1): 149-156.

后，其从业人数、资本规模将得到提升，而且，由于声誉的提升，合并后的会计师事务所还可能吸引新的客户，会计师事务所的客户规模将会变大，这将导致会计师事务所总准租的提高以及对特定的客户依赖度降低，从而提高了事务所的独立性，进而有助于提高审计质量，降低公司盈余管理程度。

另外，审计的价值包括两个部分：一部分是“信息”部分，它是指审计提高资源分配决策的价值；另一部分是“责任”部分，它代表了财务报表使用者在发现“审计失败”后向会计师事务所索赔的期权价值①。对于会计师事务所而言，他们最大的风险源于面临财务危机的客户，因为陷入财务困境的上市公司的投资者认为，审计师作为关联方，有“更深的口袋”来弥补他们的损失。由于规模大的会计师事务更可能面临诉讼风险，因此，合并后的会计师事务所有更高的动机去提供高质量的服务，降低公司盈余管理程度，以防止潜在的源自“审计失败”的重大损失。

每家会计师事务所会提供多种不同的审计质量水平，就像GM会提供不同质量的汽车一样。一家事务所不会为其所有客户提供一种水平的审计质量，因为确实会有不同的客户对审计质量存在不同的需求。规模小的会计师事务所可能会根据客户的需求提供一部分较低的审计质量，而小所合并成为大所后更可能会提供高质量的审计服务。但是，并不是所有上市公司都希望事务所提高审计质量，有些上市公司有进行盈余管理的需求。

分析小所合并成为大所后的客户情况时，我们认为，合并后变更到小所的客户一直有较高的盈余管理需求，即变更前后这些客户的盈余管理水平都较高，而合并后不发生审计师变更的客户在变更前的盈余管理水平要比变更到小所的客户高。这些小所的客户为了避免合并后事务所提高审计质量对其盈余管理的影响，在事务所合

---

① DYE R A. Auditing standards, legal liability and auditor wealth [J]. Journal of Political Economy, 1993, 101 (5): 887-914.

并后变更到其他审计质量相对较低、允许其有较高盈余管理水平的小所。对于那些在合并后变更到大所的客户，由于这些大所的审计质量也较高，因此他们想通过审计师变更来实现盈余管理的意愿相对更低，可以认为他们在变更前后的盈余管理水平都比变更到小所的客户低。

由此我们可以提出以下假设：

假设 3a：会计师事务所合并后，变更到小所的客户变更前的盈余管理程度显著高于不发生审计师变更的客户。

假设 3b：会计师事务所合并后，变更到小所的客户变更前的盈余管理程度显著高于变更到其他大所的客户。

假设 3c：会计师事务所合并后，变更到小所的客户变更前后的盈余管理程度无显著差别。

假设 3d：会计师事务所合并后，不发生审计师变更的客户的盈余管理程度降低。

2）实证分析

（1）模型选择和变量定义

为了研究盈余管理程度是否影响会计师事务所变更，我们需要变更前一年以及变更后一年共两年的数据，因此在上述 368 家的基础上，剔除数据不全的公司，最后得到 236 家，其中，合并后两年内不发生审计师变更的有 194 家，变更到小所的有 21 家，变更到其他大所的有 21 家。

我们沿用第 3 章的研究方法，采用修正的 Jones 模型计算操纵性应计利润 DA，以其绝对值 | DA | 衡量公司的盈余管理水平。参照蔡春和鲜文铎（2007）、薄仙慧和吴联生（2009）以及陈信元和夏立军（2006），本书使用以下模型检验客户的盈余管理水平：

$$|DA| = c_0 + c_1 Switcher + c_2 Lnasset + c_3 Cfo + c_4 Roa + c_5 Assetzz + c_6 TA + b_7 Lev + c_8 Loss + c_9 Opin + c_{10} Age + \varepsilon \quad (4-1)$$

$$|DA| = c_0 + c_1 Post + c_2 Lnasset + c_3 Cfo + c_4 Roa + c_5 Assetzz + c_6 TA + c_7 Lev + c_8 Loss + c_9 Opin + c_{10} Age + \varepsilon \quad (4-2)$$

式4-1用于测试假设3a和假设3b是否成立，Switcher为测试变量。当比较变更到小所的客户与不发生审计师变更的客户在变更前一年的审计质量时，不发生审计师变更的为0，变更到小所的为1；比较变更到小所的客户与变更到其他大所的客户在变更前一年的审计质量时，变更到其他大所的为0，变更到小所的为1。

式4-1用于测试假设3c和假设3d是否成立，Post为测试变量。当比较变更到小所的客户在变更前一年和在变更后一年的审计质量时，变更前为0，变更后为1；比较不发生审计师变更的客户在合并前一年和合并后一年的审计质量时，合并前为0，合并后为1。

|DA|是因变量，为盈余管理的代理变量，取操控性应计利润的绝对值。

式4-1、式4-2中的控制变量定义如下：

Cfo为来自经营活动的现金流量净额除以上年期末总资产的绝对值，拥有较多现金流量的企业盈余管理的动机较少，故加入经营活动现金流量CFO以控制其对操控性应计额的影响。

Lnasset为公司当年期末总资产的自然对数，Becker et al.（1998）认为，公司规模可能代表相当多的遗漏变量，因此有必要控制其对操控性应计额的影响①。

Roa为总资产利润率，许多研究发现，资产报酬率高低对盈余管理有影响，因此，有必要控制ROA的影响。

Assetzz为总资产增长率，用以控制成长性的影响。

TA是总应计额除以上年期末总资产的绝对值，Becker et al.（1998）发现，总应计额的绝对值与操控性应计利润额之间负相

① BECKER C L，DEFOND M L，JIAMBALVO J，Subramanyam K R. The effect of audit quality on earnings management［J］. Contemporary Accounting Research，1998（15）：1-24.

关[1]，Francis，et al.（1999）发现，选择“六大”事务所进行审计的公司总应计利润额较高，但操控性应计利润额更低[2]，Zhou 和 Elder（2002）也发现，总应计利润额的绝对值与操控性应计利润额显著负相关，因此我们控制总应计利润额对操控性应计利润额的影响[3]；

Lev 是资产负债率，用以控制财务杠杆的影响；

Loss 为亏损公司哑变量，亏损取 1，其他为 0，用以控制是否亏损的影响；

Opin 为审计意见哑变量，非标意见取 1，标准的无保留意见取 0；

Age 代表公司的上市年数，是公司上市日距离变更年度末的天数除以 360 天，用以控制上市年数的影响。

（2）单变量检验

表 4-8 是相关变量的独立样本 T 检验结果，我们可以发现：

①在合并前，不发生审计师变更的客户 | DA | 平均值是 0.062，小于变更到小所的客户 | DA | 平均值（0.100），并且他们的差距在 10% 水平下是显著的（t = -1.823），这说明变更到小所的客户盈余管理水平显著高于不发生审计师变更的客户，支持我们的假设 3a。

②在合并前，变更到其他大所的客户 | DA | 平均值是 0.075，与变更到小所的客户相比没有显著变化，不支持我们的假设 3b。

---

① BECKER C L，DEFOND M L，JIAMBALVO J，SUBRAMANYAM K R. The effect of audit quality on earnings management [J]. Contemporary Accounting Research，1998，(15)：1-24.

② FRANCIS J，MAYDEW E，SPARKS H C. The role of big 6 auditors in the credible reporting of accruals [J]. Auditing：A Journal of Practice and Theory，1999，18 (2)：17-34.

③ ZHOU J，RANDAL J，ELDER. Audit firm size，industry specialization and earnings management by initial public offering firms [EB/OL]. http：//ssm. com/abstract = 321041，2002.

表 4-8　　　　丨DA丨的独立样本 T 检验

项目	比较变更前		比较变更前		比较变到小所		比较不变	
	不变	变到小所	变到其他大所	变到小所	变更前	变更后	合并前	合并后
平均值	0.062	0.100	0.075	0.100	0.100	0.112	0.062	0.065
标准差	0.062	0.095	0.054	0.095	0.095	0.081	0.062	0.074
T 检验	-1.823*		-1.090		-0.441		-0.427	
N	194	21	21	21	21	21	194	194

注：*分别表示在 10% 水平下显著，双尾检验。

③变更到小所的客户，比较其变更前后的丨DA丨，我们发现其丨DA丨平均值由变更前的 0.100 上升到变更后的 0.112，变更后盈余管理水平是上升的，但上升幅度不显著，支持我们的假设 3c。

④合并后，不发生审计师变更的客户丨DA丨平均值达到 0.065，与合并前的 0.062 相比略有上升，说明合并成为大所后，事务所的盈余管理水平略有上升，但不显著，不支持我们的假设 3d。

（3）多元回归分析

表 4-9 是四个样本的多元回归结果。模型的拟合度都大于 0.5，拟合效果较好。

根据表 4-9 我们可以发现：

①对变更到小所的客户和不发生审计师变更的客户在变更前的丨DA丨进行比较，在控制了其他变量后，Switcher 的系数为 0.023，与操控性应计额的绝对值正相关，并且是显著的，表明变更到小所客户的盈余管理水平显著高于不发生审计师变更的客户，假说 3a 得到支持。该模型中每个自变量的方差膨胀因子（VIF）都不超过 3，表明不存在严重的多重共线性。

表 4-9　　　　　| DA | 的多元回归结果

变量	比较变更前（不变 vs. 变到小所）	比较变更前（其他大所 vs. 小所）	比较变到小所变更（前 vs. 后）	比较不变的合并前（vs. 合并后）
(Constant)	-0.070 (-1.345)	0.224 (1.450)	0.260 (1.451)	-0.133 (-2.619***)
Switcher	0.023 (2.644***)	0.007 (0.527)		
Post			0.011 (0.653)	-0.002 (-0.340)
Lnasset	0.003 (1.332)	-0.011 (-1.482)	-0.012 (-1.353)	0.008 (3.432***)
Cfo	-0.195 (-4.526***)	-0.056 (-0.447)	-0.023 (-0.476)	-0.225 (-6.090***)
Roa	0.210 (4.520***)	0.078 (0.538)	0.050 (0.573)	0.128 (7.606***)
assetzz	0.004 (1.009)	-0.007 (-0.193)	0.031 (1.002)	-0.007 (-1.341)
TA	0.919 (20.041***)	0.813 (5.768***)	0.650 (6.491***)	0.525 (15.111***)
Lev	0.005 (0.447)	0.030 (1.236)	0.009 (0.419)	-0.012 (-1.125)
Loss	0.000 (0.039)	-0.003 (-0.139)	0.026 (1.219)	0.000 (-0.019)
Opin	0.009 (0.847)	0.020 (0.891)	0.034 (1.488)	0.022 (1.846*)
Age	0.000 (-0.638)	0.000 (0.112)	-0.001 (-0.652)	0.000 (-0.348)
N	215	42	42	388
F值	56.284***	12.750***	13.020***	41.749***
Adj_ R^2	0.721	0.741	0.746	0.513

注：***、*分别表示在1%、10%水平下显著，双尾检验。

②对变更到小所的客户和变更到其他大所的客户在变更前的 | DA | 进行比较，在控制了其他变量后，Switcher 的系数为 0.007，与操控性应计额的绝对值正相关，但不显著（t=0.527），表明变更到小所客户的盈余管理水平没有显著高于变更到其他大所的客户，假说3b未得到支持。除了 Roa、TA、Loss 的 VIF 不超过 5 外，其他自变量的 VIF 都不超过 3，表明不存在严重的多重共线性。

③对变更到小所的客户在变更前后的｜DA｜进行比较，在控制了其他变量后，Post 的相关系数为 0.011，也与操控性应计额的绝对值正相关但不显著，表明客户在变更到小所后盈余管理水平稍高于变更前，与变更前的盈余管理水平差不多，假说 3c 得到支持。除了 Roa 的 VIF 达到 5.16 外，该方程中其他自变量的 VIF 都不超过 3，表明不存在严重的多重共线性。

④对不发生审计师变更的客户在变更前后的｜DA｜进行比较，在控制了其他变量后，Post 的相关系数为-0.002，与操控性应计额的绝对值负相关，但不显著，表明非十大所合并成为十大所后，其审计质量没有显著提高，假说 3d 未得到支持。除了 Cfo、TA 的 VIF 超过 3 不超过 5 外，该方程中其他自变量的 VIF 都小于 3，表明不存在严重的多重共线性。

综合上述实证分析结果，我们发现变更到小所的客户在变更前的盈余管理水平显著高于不发生审计师变更的客户，并且变更到小所的客户在变更前后的盈余管理水平差距不大，这是因为变更到小所的客户变更前就有较高的盈余管理，并且希望保持现有的盈余管理水平，合并后的事务所很可能难以接受，从而导致公司管理层解聘现任审计师，寻求可能愿意接受其高盈余管理水平的小所。因此这些公司变更到能接受其高盈余管理水平的小所进行审计。

同时，我们也发现变更到其他大所的客户在变更前的盈余管理水平与变更到小所的客户相比差距不大，也就是说，部分盈余管理水平高、风险大的客户希望变更到其他大所，而其他大所也接受了这些客户。产生这一结果的原因可能是：这些客户可能不是主动解聘，而是由于合并后的大所进行客户组合管理，减少高风险的客户，从而辞聘。而这些变更到大所的客户除了高盈余管理水平需求外，还有可能有增加融资、加速发展等需求，因此仍然希望由大所进行审计。由于继任审计师在决定审计前只有很少的时间进行客户评估，不清楚这些客户的盈余管理水平等状况，因此部分大所可能会接受一部分风险较高的客户。

4.2.5 审计收费

1）假设的提出

事务所合并会提高审计市场的集中度，在重视声誉的审计行业中，寡占型的市场结构可能会更有利于行业发展（Stiqlitz，2000）。从微观角度看，事务所合并的动机之一是整合不同事务所之间的优势资源以增强在市场中的竞争力，合并实际上是不同事务所对资源需求和整合的行为表现。除了事务所之间的资源优势互补，事务所没有充分利用的管理资源可以在合并后转移到另一家事务所，使其得到充分的利用。因此合并不仅给事务所带来经济效益，也使整个行业的效率提高。由此看来，事务所合并后不同资源的拥有者通过审计和管理资源的互补、替代、转移和共享，使事务所的知识系统有效协同，有利于形成事务所在特定领域和行业的服务优势，并促进事务所品牌的提升和声誉的积累，会计师事务所也可能借此向消费者收取溢价。

审计质量不可直接观测，质量评价和选择成本太高，因此市场往往采用审计质量的替代品以降低质量选择成本，常用的审计质量替代品是审计师的规模与品牌，因为合并（规模大）的事务所有更高的诉讼风险、更高的声誉或品牌价值，他们更有动机提供高质量的审计服务，所以规模大、品牌价值高的事务所更可能提供高质量的审计服务。而事务所为了提供更高质量的服务也需要更多的投入，其中包括昂贵的品牌创建成本，因此可能需要收取更高的费用。

从以上两方面，我们可以看出，合并（规模大）的会计师事务所审计收费可能会高，规模小的会计师事务所审计收费相对较低。因此非十大所发生合并成为十大所后可能会提高审计收费。但是，并不是所有的上市公司都希望为高质量的审计服务支付更高的费用，有些上市公司（如有财务困难的公司）希望能以较低的费用获得审计服务。Bedingfield 和 Loeb（1974）对 1971 年 11 月至

1973 年 4 月期间变更会计师事务所的公司进行调查，发现上市公司除了从“非全国性”会计师事务所向“全国性”会计师事务所变更以外，高额的审计费用是客户变更审计师最常见的原因。

另外，Francis（1984），Gul（1999），Bockus 和 Gigler（1998）都指出，小规模会计师事务所具有低成本优势，如果客户认为不值得为提升的事务所声誉及服务质量增加审计费用，他们就会变更到规模小的审计收费低的事务所。因此，在分析合并后成为大所的原小所客户时，我们认为合并后变更到小所的客户在变更前的审计收费就比不发生审计师变更的客户低，并且希望能继续以较低的费用获得审计服务。这些客户为了避免合并后事务所审计收费的提高，因而在合并后变更到其他审计收费相对较低的小所。对于那些在合并后变更到大所的客户，根据上述理论，这些大所的审计收费也较高，因此他们没有想通过审计师变更来保持较低审计收费的意愿，可以认为他们的情况与不发生审计师变更的客户的情况差不多。

由此我们可以提出以下假设：

假设 4a：事务所合并后，变更到小所的客户在变更前的审计费用低于不发生审计师变更的客户。

假设 4b：事务所合并后，变更到小所的客户在变更前的审计费用低于变更到其他大所的客户。

假设 4c：事务所合并后，变更到小所的客户在变更前后的审计费用无显著差别。

假设 4d：事务所合并后，不发生审计师变更的客户的审计费用提高。

2）实证分析

（1）模型选择和变量定义

为了研究“非十大所”在合并成为“十大所”后，审计收费对事务所变更的影响，我们需要变更前一年以及变更后一年共两年的数据，因此在上述 368 家的基础上，剔除数据缺失的公司，以及主营业务收入为零的异常公司。最后得到 285 家公司，其中，合并后两年内不发生审计师变更的有 238 家，变更到小所的有 20 家，变更到其他大所的有 27 家。

参照张奇峰（2005）以及 Charles J. P. Chen，Xijia Su 和 Xi Wu（2010），本书使用以下模型检验事务所合并后的审计收费变化：

$$Lnfee = \beta_0 + \beta_1 Switcher + \beta_2 Lnasset + \beta_3 Sqsubs + \beta_4 Aturn + \beta_5 Roa + \beta_6 Lev + \beta_7 Invrec + \beta_8 Opin + \beta_9 Loss + \beta_{10} Prov + \varepsilon \quad (4-3)$$

$$Lnfee = \beta_0 + \beta_1 Post + \beta_2 Lnasset + \beta_3 Sqsubs + \beta_4 Aturn + \beta_5 Roa + \beta_6 Lev + \beta_7 Invrec + \beta_8 Opin + \beta_9 Loss + \beta_{10} Prov + \varepsilon \quad (4-4)$$

式 4-3 用于测试假设 3a 和假设 3b 是否成立，Switcher 为测试变量，当比较变更到小所的客户与不发生审计师变更的客户在变更前一年的审计收费时，不发生审计师变更的为 0，变更到小所的为 1。当比较变更到小所的客户与变更到其他大所的客户在变更前一年的审计收费时，变更到其他大所的为 0，变更到小所的为 1。

式 4-4 用于测试假设 3c 和假设 3d 是否成立，Post 为测试变量，当比较变更到小所的客户在变更前一年和在变更后一年的审计收费时，变更前为 0，变更后为 1；当比较不发生审计师变更的客户在事务所合并前一年和合并后一年的审计收费时，合并前为 0，合并后为 1。

Lnfee 是因变量，为审计费用的自然对数，以控制回归模型中的异方差问题。

式 4-3、式 4-4 中的控制变量定义见表 4-10。

（2）单变量检验

表 4-11 显示的是审计收费水平的独立样本 T 检验结果。

根据表 4-11 我们可以发现：

①会计师事务所合并后，变更到小所的客户在变更前的 Lnfee 平均值是 12.924，比不发生审计师变更的客户（均值是 13.066）低，但差距不显著，不支持我们的假设 4a。

②变更到小所的客户在变更前的 Lnfee 平均值也比变更到其他大所的客户低，但差距不显著，不支持我们的假设 4b。

表4-10 **控制变量设置及定义**

变量	定义	作用
Lnasset	被审计公司的总资产的自然对数	控制公司规模对审计费用的影响
Sqsubs	纳入公司合并会计报表范围的子公司数目的平方根	控制公司业务复杂程度对审计费用的影响
Aturn	资产周转率	
Roa	公司资产收益率	控制公司盈利能力对审计费用的影响
Lev	资产负债率	控制公司财务风险对审计费用的影响
Opin	表示是否被出具非标准审计意见，被出具非标准审计意见为1，其他为0	控制客户的资产流动性水平与总体审计风险的影响
Loss	公司本年度是否亏损，亏损1，否则0	
Invrec	存货与应收账款占总资产的比重	
Prov	公司注册所在地，在北京、上海、广东（含深圳）经济发达地区取1，否则为0	控制地域对审计收费的影响

表4-11 **审计收费的独立样本T检验**

项目	比较变更前		比较变更前		比较变到小所		比较不变	
	不变	变到小所	变到其他大所	变到小所	变更前	变更后	合并前	合并后
平均值	13.066	12.924	12.980	12.924	12.924	12.997	13.066	13.147
标准差	0.531	0.512	0.419	0.512	0.512	0.547	0.531	0.518
T检验	1.152		0.412		-0.437		-1.701*	
N	238	20	27	20	20	20	238	238

注：*表示在10%的水平下显著，双尾检验。

③在会计师事务所合并后，变更到小所的客户在变更后的Lnfee平均值是12.997，比变更前的12.924略高，差距也不显著，

支持我们的假设 4c。

④不发生审计师变更的客户在合并后的 Lnfee 显著高于合并前（10%的显著水平），因此可以认为合并成为大所后，会计师事务所审计收费提高，支持我们的假设 4d。

接下来我们再通过多元回归进一步验证我们的假设。

（3）多元回归分析

表 4-12 是四个样本的多元回归结果。这四个样本对模型的拟合度都大于 0.5，拟合效果都很好。每个自变量的 VIF 都不超过 3，表明不存在严重的多重共线性。

表 4-12　　Lnfee 的多元回归结果

变量	比较变更前（不变 vs. 变到小所）	比较变更前，变到（其他大所 vs. 小所）	比较变到小所变更（前 vs. 后）	比较不变的合并（前 vs. 后）
(Constant)	6.880（12.846***）	9.852（7.824***）	10.097（6.838***）	7.045（18.759***）
Switcher	0.051（0.561）	0.001（0.011）		
Post			0.108（0.827）	0.040（1.185）
Lnasset	0.272（10.491***）	0.109（1.836*）	0.098（1.336）	0.265（14.535***）
Sqsubs	0.095（5.820***）	0.196（4.139***）	0.181（3.516***）	0.081（6.865***）
Aturn	0.081（2.094**）	0.349（2.492**）	0.388（2.880***）	0.071（2.496**）
Roa	-0.007（-0.018）	0.871（1.232）	0.370（0.551）	0.294（2.534**）
Lev	-0.002（-0.015）	-0.024（-0.131）	-0.318（-1.420）	0.094（1.104）
Invrec	-0.202（-1.524）	0.086（0.303）	0.407（1.036）	-0.258（-2.676***）
Opin	0.185（1.581）	0.020（0.105）	0.119（0.614）	0.297（3.042***）
Loss	0.140（1.417）	0.273（1.508）	0.472（2.139**）	0.064（1.000）
Prov	0.255（4.936***）	0.242（1.295）	0.329（1.430）	0.259（7.007***）
N	258	47	40	476
F 值	28.410***	4.441***	4.441***	53.956***
Adj_ R^2	0.516	0.428	0.563	0.527

注：***、**、*分别表示在 1%、5%、10%水平下显著，双尾检验。

根据表4-12，我们发现基本与 Charles J. P. Chen，Xijia Su 和 Xi Wu（2010）的研究结论是一致的：

①将变更到小所的客户和不发生审计师变更的客户在变更前的 Lnfee 进行比较，在控制了其他变量后，Switcher 的相关系数为 0.051，与 Lnfee 正相关，但不显著，表明变更到小所客户的审计收费比不发生审计师变更的客户高，但差别不显著，不支持假说 4a。

②将变更到小所的客户和变更到其他大所的客户在变更前的 Lnfee 进行比较，在控制了其他变量后，Switcher 的相关系数为 0.001，与 Lnfee 正相关，但不显著（t=0.011），表明变更到小所客户的审计收费高于变更到其他大所的客户，但差别不大，不支持假说 4b。

③将变更到小所的客户在变更前后的 Lnfee 进行比较，在控制了其他变量后，Post 的相关系数为 0.108，也与 Lnfee 正相关但不显著，表明客户在变更到小所后审计收费稍高于变更前，与变更前的审计收费差异不显著，假说 4c 得到支持。

④将不发生审计师变更的客户在变更前后的 Lnfee 进行比较，在控制了其他变量后，Post 的相关系数为 0.040，与审计收费正相关，但不显著，表明非十大所合并成为十大所后，其审计收费没有显著提高，假说 4d 未得到支持。这个结论也与第 3 章的研究结论一致。合并前相对的小所的审计收费在合并后并没有马上上升。

综合上述实证结果，我们得出这样的结论：在变更前，变更到小所的客户、不发生审计师变更的客户以及变更到其他大所的客户的审计收费均无明显差距。因此，降低审计费用并不是小所客户发生审计师变更重点考虑的因素。

4.3 研究结论及局限性

4.3.1 研究结论与分析

本章以2007—2009年非十大所客户在事务所合并成为十大所后发生审计师变更为研究事件，基于合并这一特殊背景，分别从客户结构特征及其变化、事务所合并后的客户组合管理、盈余管理水平以及审计收费四个方面进行了实证研究，得出了以下的研究结论。

1）客户特征及变化

规模大、成长性增高、融资需求大的客户更倾向于选择大所，而规模小、成长性降低、融资需求小的客户则更倾向于变更到小所。这可能是因为合并成为“十大所”后，事务所地域分布更广，能够提供更多的专业服务，从而更能满足规模大、规模增长率快的客户的需求；同时，合并为“十大所”后，会计师事务所有更高的声誉或品牌价值，降低了潜在外部投资者评估上市公司审计报告的成本，提高了上市公司新发行债券或股票的价格；而规模小、成长性降低、融资需求小的客户，为了避免合并可能带来严格审计要求和可能更高的审计费用，在事务所合并后变更到小所。

2）会计师事务所合并和客户组合管理

收到非标准审计意见、亏损或扣除非经常性损益后亏损的客户在合并后变更到小所的比例高于变更到大所的比例，也高于未发生审计师变更的比例。说明风险高的客户更倾向于变更到小所，而不是变更到其他大所或不发生审计师变更。这初步表明事务所为了降低客户群风险，进行客户组合管理，从而主动辞聘。

独立样本T检验的结果发现，变更到小所的客户的Opin、Loss、Aftloss显著高于不发生审计师变更的客户，Aftroa显著低于不发生审计师变更的客户，而变更到小所的客户的 Opin、Loss、Aftroa 与变更到其他大所的客户差距不显著，Aftloss 显著高于变更到其他大所的客户，可以说明变更到其他大所的客户的风险也很高。这进一步说明了风险高的客户更倾向于变更审计师，而发生审计师变更的客户的风险高于不发生审计师变更的客户。这是因为小所由于合并成为大所，规模增大、声誉提高，在事务所内采用更高水平的风险控制标准，对其客户进行组合管理，向那些高风险客户辞聘，从而使客户在事务所合并后发生审计师变更。而其他大所接受了一些高风险的客户的原因可能是：（1）继任审计师在确定接受变更过来的客户之前，没有很多时间和精力对这些客户进行深入了解，对上市公司的会计处理方式、经营内容、以前年度的财务状况和盈利能力缺乏了解，从而对上市公司财务报告中的异常现象缺乏敏感性，从而导致继任审计师接受了这些客户。（2）继任审计师对这些客户进行其他方面的判断后，认为其风险是可以接受的。

3）盈余管理水平

我们发现变更到小所的客户在变更前的盈余管理水平显著高于不发生审计师变更的客户，并且变更到小所的客户在变更前后的盈余管理水平差距不大，这是因为变更到小所的客户在变更前就有较高的盈余管理，并且希望保持现有的盈余管理水平，合并后的事务所很可能难以接受，从而导致公司管理层解聘现任审计师，寻求可能愿意接受其高盈余管理水平的小所。因此这些公司变更到能接受其高盈余管理水平的小所进行审计。

同时，我们也发现变更到其他大所的客户在变更前的盈余管理水平与变更到小所的客户相比差距不大，也就是说，部分盈余管理水平高、风险大的客户希望变更到其他大所，而其他大所也接受了这些客户。产生这一结果的原因可能是：这些客户可能不是主动解聘，而是由于合并后的大所进行客户组合管理，减少会带来高风险的客户，从而辞聘。而这些变更到大所的客户除了高盈余管理水平的需求外，还有可能有增加融资、加速发展等需求，因此仍然希望由大所进行审计。由于继任审计师在决定审计前只有很少的时间进行客户评估，不清楚这些客户的盈余管理水平等状况，因此部分大所可能会接受一部分风险较高的客户。

4）审计收费

变更到小所的客户、未发生审计师变更的客户以及变更到其他大所的客户在变更前的审计收费无明显差距，变更到小所的客户在变更前后，以及未发生审计师变更的客户在合并前后的审计收费也均无明显差距。这说明非十大所合并成为十大所后没有提高审计收费，而审计费用并不是客户变更事务所重点考虑的因素。

漆江娜、陈慧霖和张阳（2004）指出，如果一种产品或服务有质量上的差异，想要以更高的价格出售高质量的产品或服务，就需要消费者有对高质量的产品或服务的需求，如果没有这一需求，他们就只会愿意以较低的价格购买。从这个意义上说，“非十大所”合并成为“十大所”，其审计收费并没有得到客户的认同，并且客户也没有提高审计质量的需求，从上述审计收费的分析中我们确实发现未发生审计师变更的客户在会计师事务所合并前后的审计收费无显著变化。

5）小结

结合上述研究结果，我们得出以下结论：（1）合并后客户发生审计师变更的原因更可能是由于客户希望规避审计质量的提高，而不是为了节约审计费用。这可以理解为未来盈余管理动机高的客户由于预料到合并后事务所的审计要求更加严格，因此变更了事务所。因此我们仍然可以认为合并的效果是积极的。（2）未发生审计师变更的客户情况表明，在我国，上市公司审计需求在一定程度上表现为成长性需求和融资需求，即公司规模变大，需要继续让大所审计；公司为融资便利、降低融资成本而继续聘任合并后的大所。（3）合并促使会计师事务所加强了审计质量控制，对高风险客户的选择采取了更谨慎的态度，在一定程度上达到了合并的效果。

4.3.2 研究局限性

（1）基于时间和数据搜集的限制，本章只考虑发生合并的非十大所客户的变更情况，没有分析发生合并的十大所客户发生审计师变更的情况，这两种不同规模的会计师事务所的质量控制情况以及客户的审计需求可能有所区别，未来可以进一步分析发生合并的十大所的质量控制情况以及客户的审计需求特征。

（2）本章只分析了合并前提下客户发生审计师变更的四个方面动因，其他变更动因如客户跟随行为、管理层变动、代理冲突等以后都可以考虑在合并的前提下进行分析。

（3）由于数据搜集等原因，在分析审计质量和审计收费时，本章只采用变更前后各一年的数据，可能会对研究结果产生一定的影响，未来可以分析变更前后更长期间的数据。

5 会计师事务所合并的整合研究

整合（integration），是事务所合并各方在合并目标与战略的驱动下，通过采取一系列的措施和方法，对组织结构、管理制度以及事务所文化等多方面进行系统性的融合与重构，从而实现价值增值的过程。

并购之后的整合不力是导致多数企业并购失败的主要原因之一，整合的质量决定了会计师事务所合并的成败。会计师事务所合并可以立即扩大规模，而事务所内部治理机制是否健全、内功是否夯实是进一步做强的核心基础。合并后的事务所分支机构增加，业务量加大，执业人员增多。如果内部治理机制不能适应变化之后的内外部环境，则达不到做强的预期效果。不仅如此，分支机构、执业人员的离散状态还会造成业务风险上升，大量的资源浪费于内耗。

接下来，本章在之前合并绩效研究结果的基础上，从专业标准和质量控制、客户资源、人力资源、薪酬激励机制以及事务所文化等五个方面对事务所合并整合进行分析。鉴于事务所合并涉及参与各方的利益重新平衡，是事务所资源的重新配置，其中最难的是事务所管理层的重新调整，以及相关利益分配机制的建立。因此本章对处于事务所治理核心的合伙人的薪酬制度、退出机制进行了研究。

5.1 专业标准和质量控制的整合

审计质量是推动审计市场发展的根本途径，是会计师事务所生存与发展的生命线。提高审计质量的关键在于质量控制，只有切实执行有效的质量控制，才能全面提高事务所的审计质量。不同的事务所制定的质量控制标准不尽一致，所提供的审计质量也存在一定差异，会造成执业风险不匹配。因此事务所合并后应对合并各方的质量控制标准进行实质性整合，以达到新事务所的质量控制要求。从国内所合并案例来看，即使经过合并后的一段磨合期，有些事务所仍未进行质量控制整合。对于事务所的关键人员来说，可能更有动机让其他注册会计师承担更多的审计风险。同样，签字注册会计师并不希望将自己招揽的客户群与其他注册会计师共同分享。因此，有必要通过监管机构制定规则，促使事务所质量控制整合得以推行。

在进行合并前，如果某一合并方的客户群体存在过高的重大错报风险，或是在执业过程中的质量控制存在问题，通常会给合并后的新事务所带来隐患。在事务所合并整合时面临的重要问题就是如何有效整合合并各方的质量控制和风险管理理念，以使合并达到预期目标。

5.1.1 统一风险管理理念

风险管理理念是事务所合并后实施统一的质量控制标准的前提。事务所合并前各方的经营理念和文化存在差异，区域经济发展与地区行业竞争格局的不同，致使事务所分支机构的服务领域、服务对象等都有所不同，都会导致事务所的风险管理理念存在差异。不同的风险管理理念形成不同的执业方式，会抵消合并所产生的协同效应，无法形成统一的质量控制标准。因此，事务所合并后应该统一风险管理理念，并实施相关措施，使统一的风险管理理念贯彻到每一位员工。

5.1.2　统一执业标准

执业质量是会计师事务所的生命，也是注册会计师行业维护公众利益的专业基础。合并前，各事务所制定的执业标准并不完全一致，导致不同事务所提供的审计服务质量存在差异。合并后如果不能在短期内将其统一，势必导致提供的专业服务存在差异，并且可能由于整体协作不佳导致某些重大项目的专业服务因质量产生风险。

事务所合并后要为客户提供同质的审计服务，必须统一执业标准。统一的执业标准是实现质量控制整合的基础，有利于事务所员工之间的协作。事务所应在审计准则和相关法律法规指导下，基于合并方原有质量控制标准，结合合并各方的执业特征与现实情况，为新事务所制定统一的执业标准。事务所可以采用宣传册的形式将执业标准发放给员工，并组织学习新的质量控制标准，指导员工如何在实践中加以贯彻实施。同时，事务所内部应建立督导制度，各级督导人员应对各自负责的员工进行有效的指导与监督，以确保员工遵守新的执业标准。事务所可以设立执业标准委员会，对各级复核中存在的争议及时进行处理，检查执业过程中的质量控制情况，保证质量控制的统一性、全面性。事务所合并后应定期针对执业标准在执行过程中出现的问题展开讨论，及时修订与完善执业标准，并将相关内容传达给所有员工。

5.1.3　总、分所承接业务方面的质量控制

会计师事务所合并后，很多采用了“总所+分所”的管理模式，分所数量会增加。总所对分支机构控制薄弱、管理松散，是以往合并风险的重要来源。业务规模和执业范围的扩大，往往需要完善内部机制治理，加强质量控制整合。

1）规范总分所的质量控制

事务所要建立健全质量控制制度，加强对业务承接、工作委派、胜任能力、外勤现场、督促指导等全过程的有效监控。分所应设立专门的质量控制部，根据自身业务规模和业务性质，配备具备专业胜任能力的专职质量监管人员，全面参与执业质量复核，定期或是不定期地抽查审计工作底稿，为事务所防范审计风险提出对策建议。总所要加强对分所质量控制的复核和检查，加大总部与分所、分所与分所之间的交叉复核力度，将分所的质量控制作为分所负责人业绩考核的评价指标。对分所管理要推行委派复核人制度，由事务所总部向分支机构委派独立复核人，由部门经理与项目负责人同时实施一级复核，由独立的质量控制部和总部派遣的独立复核人同时实施二级复核，由项目签字合伙人与复核合伙人同时实施三级复核。

2）坚持分所负责人的集权管理和统一任免

事务所合并后，在分所管理上要坚持关键岗位人员任免的集中统一管理。分所负责人原则上应由管理总部委派，对分所负责人的考核评价和激励约束应由事务所总部确定统一标准。当前，事务所对合并后的分所疏于管理的现象仍普遍存在，突出表现为对分所负责人没有实质性的管控权，分所负责人对有利于分所利益的规章制度乐于执行，对不利于分所的规章制度敷衍抵制。

3）业务承接一体化

事务所合并后应当制定统一的业务承接制度，明确总部对分所的项目授权管理制度。对于证券期货、改制重组、涉外等高风险或直接影响事务所声誉的业务，应由事务所总部统一承接，禁止分所独立承接超越授权范围或是明显超出其执业能力的业务项目。事务所总部要加强对分所承接业务的质量评估和监控，及时发现问题、督促整改。总所应重点对分所独立承办的业务项目进行定期或不定期的检查。图 5-1 是总分所业务承接的分类管理图。

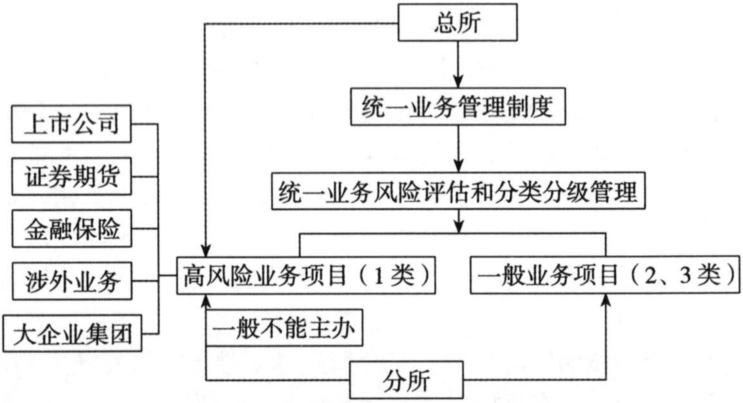

图 5-1　总分所业务承接的分类管理图

5.1.4　与其他整合内容的结合

事务所合并后可能会实施更高的质量控制标准和风险管理水平，因此需要对现有客户进行重新组合，评估每位客户的风险大小，向那些财务状况不良或存在高风险的客户提出辞聘。同时，事务所内部可以采取客户项目团队优化或注册会计师交叉签字等质量控制措施，以提高风险防范能力和审计质量（吴溪，2006）①。客户项目团队优化，是指合并一方的客户在事务所合并后，基于节省成本和提供更优质服务的原因，转由合并另一方的注册会计师及其项目组审计；交叉签名是指对于某个客户在合并后改由合并双方的注册会计师共同参与审计项目并出具审计报告。

质量控制整合与人力资源整合息息相关，事务所应加强与员工之间的沟通。质量控制标准的制定与执行过程需要同员工不断地进行交流。对于如何有效识别优质的质量控制标准，以及选择符合风险管理的要求，都需要经验丰富的员工通过沟通、协商来进行衡

① 吴溪．会计师事务所合并与质量控制：基于中天勤合并案例的经验分析［J］会计研究，2006（10）：79-85.

量，从而制定符合自身发展战略的质量控制标准。

事务所在进行质量控制整合时，应结合绩效评价，可以将员工对质量控制的执行情况作为绩效评价的一项重要衡量指标，成为员工是否晋升与提薪的主要依据之一，以确保控制质量标准的有效实施。

5.2　客户资源的整合

事务所合并后需要进行客户资源的整合，制定一套全面的客户资源过渡整合计划。首先，事务所需要根据客户特征，建立客户信息管理系统。其次，加强客户关系管理整合。最后，依据客户信息系统与客户关系，合理定位客户群的整体风险水平。

5.2.1　建立客户信息管理系统

事务所合并后应当指派专门人员负责收集、整理、分析合并各方的客户群信息，包括分布区域、所处行业的风险程度、行业地位、公司规模、盈利能力、潜在发展能力等方面，并依据这些内容建立起客户信息管理系统。客户信息管理系统应由专业人员进行管理与维护，定期对系统信息进行更新，可以通过网络收集、客户咨询、事务所员工调查等方式。建立客户信息管理系统的目的是实现合并各方的客户资源共享，保持客户关系，以及为注册会计师执业过程中提供便捷服务，也有利于事务所与客户之间的沟通。此外，事务所可以根据自身规模、战略目标、可接受的客户风险水平等因素考虑建立专门的客户资源管理委员会，对合并各方的客户群进行有效整合，将承接的业务由客户管理委员会统一管理。

5.2.2 加强客户关系管理

客户关系管理（customer relationship management，CRM）[①] 是一个不断加强与顾客交流，了解顾客需求，并对产品和服务进行持续改进和提高，以满足顾客需求的连续过程。其核心是企业利用互联网技术和信息技术实现对客户关系的整合，按照客户特征有效地管理客户资源，制定以客户为中心的业务流程、执业标准，提高企业盈利能力和客户满意度。客户资源是会计师事务所两个核心资源之一，作为“人合”的服务型企业，事务所加强客户关系管理显得格外重要，这关系到未来的市场开拓与发展。事务所合并整合的客户关系管理主要集中在两个方面：维持现有客户关系与发展新客户群。

1）维持现有客户关系

维持现有客户关系主要是指留住老客户。伴随着客户发展而成长，由国内审计市场发展到全球业务网络，这是很多国际事务所的发展经历。例如，普华永道在我国的客户最初主要是跨国企业和外资企业，该类业务占到公司业务的80%以上，直到1999年可以做国有企业审计业务时才有所改变。当德洛伊特·哈斯金斯·塞尔斯（Deloitte Haskins & Sells）考虑是否与普华永道（Coopers & Lybrand）合并时，其最先考虑到的是保持现有客户关系。正因为这样，国际事务所特别重视维持现有客户关系。不少事务所甚至在绩效评价指标中设有“客户关系”项目，与质量控制、业务发展等方面并列作为重点考核对象。表5-1是某国际所对经理、高级审计员和助理审计员的评价指标。从该表可以看出国际事务所对客户关系的重视，这能增加对客户内部事务的了解，保证审计质量，并能巩固审计市场地位。

① 客户关系管理是由 Gartner Group 公司提出来，认为客户关系管理就是为企业提供全方位的管理视角，赋予企业更加完善的客户交流能力，最大化客户的收益率，其核心是客户价值管理。

表5-1 **国际所对经理、高级审计员和助理审计员的评价指标**①

经　理	高级审计员	助理审计员
了解客户的经营情况	了解客户的经营情况	了解客户的经营情况
专业胜任能力	发展并保持与客户的关系	发展并保持与客户的关系
发展员工	促进团队协作	促进团队协作
自我发展	培训助理审计员	专业胜任能力
业务发展	自我发展	自我发展

（1）客户在事务所合并时通常关注的问题②

客户在选择事务所时会考虑客户和会计师之间合作默契度、事务所的办公地点、成本和对服务价值的理解、行业专长和信任等。因此在事务所合并时，客户同样会关注这些问题：

①收费情况。在事务所进行合并之后，收费是否发生变化对客户来说显得尤为重要。客户担心事务所合并后会“店大欺客”，提高审计收费。较低的收费标准或许是一些客户选择事务所最主要的动因之一，而客户对合并后事务所收费情况缺乏了解。因此，在整合过程中，要考虑合并方原有客户以前的收费标准，并尽早通知客户有关合并后的收费情况，以缓解客户的担心。

②合作默契度。通常一个客户会由一个相对固定的项目合伙人来提供服务，长期的合作过程中彼此会产生默契，客户会适应合伙人的工作方式和工作流程，对合伙人提供服务的满意度提高，久而久之彼此关系会比较密切。因此，在事务所合并后，客户会产生疑问：“同我打过交道的合伙人是否仍在那里？”他们担心如果换作其他合伙人，由于新合伙人要重新了解客户的相关情况，由此将带来额外的打扰和交易成本。

③行业专长。当初客户在选择事务所时，事务所的行业专长

① 胡奕明．国际会计师事务所内部管理研究［J］．中国注册会计师，2005（2）：56-61.

② 邓川，陈龙．会计师事务所合并中的客户和员工保留问题探讨［J］．会计之友，2013（3）上：42-45.

可能是客户关注的重点，不同事务所对不同行业可能会有自身的行业专长，在行业内会形成一定的品牌效应。对于特殊行业的客户来说，在事务所合并后，会比较注重事务所原来具有行业专长的合伙人是否依然留在事务所，能否继续为其提供优质的服务。

④办公地点。事务所进行合并的动因之一是为了增加市场份额，消除地区之间的壁垒，形成规模化经营。而客户最初在选择事务所时，其地域范围和便捷的服务或许是其选择的主要动机。合并之后事务所的办公地点是否会发生变动，关系到事务所能否为客户提供便捷的服务，能否与客户进行长期合作。

（2）整合过程中应采取的行动

客户资源是事务所核心资源之一。总体上看，在合并整合时，事务所首先要对现有客户资源进行全面的整理和分析，通过建立客户信息管理系统，清晰地了解客户资源的分布、特点和风险。其次需要部署客户资源保留计划，把联系客户的工作分层落实到合伙人及高级经理，及时地向客户说明事务所的变化，获得客户的理解和支持。具体而言：

①信息沟通方式与时间。事务所在何时以及通过何种方式来通知客户，取决于客户对事务所的重要程度以及与客户合作的时间长短。相对重要的客户在事务所合并完成之前就应该告知，使得客户能感受到事务所对其的重视程度很高，从而有利于留住客户。在传递信息时，项目合伙人亲自拜访客户是向重要客户传递信息的最好方式，面对面沟通能使客户详细了解到事务所合并事项，消除客户的疑虑。对于一般的客户，合伙人至少应该电话传递信息，这可以快速回答客户提出的问题和缓解客户的焦虑心理。总之，为了能够留住宝贵的客户资源，事务所应该在发布合并公告之前就前通知客户，以体现事务所对客户的尊重。

②以积极的方式与客户沟通。积极、主动地与客户沟通是事务所合并完成前的重要环节，有助于事务所与客户之间相互了解，消

除客户不必要的消极恐慌心理。不管正在发生什么改变，要强化客户最初选择事务所的理由依然存在，突出事务所合并是为了提高综合实力，能为客户提供更优质的服务，并强调客户正在受益而不是正在遭受损失。

③服务的连续性。服务的连续性对于保留客户来说至关重要，事务所不要立即更换项目合伙人和改变工作流程，应使客户逐步熟悉合并后事务所的工作方式。同时，保留原有的联系信息和服务方式，使得整合中过渡变得更加透明。

④客户过渡计划和继任者的推荐。管理合伙人退休是国外事务所寻求合并的动机之一。为了客户的平稳过渡，该管理合伙人通常要在一段时间内继续留在合并后的事务所，以便让客户逐渐熟悉新的事务所。为此，事务所应在合并协议中制定出详细的过渡过程，包括需要移交的客户清单，负责每个客户的新合伙人和经理的姓名，以及移交这些客户的具体时间等内容。事务所也应针对退出合伙人建立遵守协议的激励措施。例如，对于该合伙人因移交客户而导致的工时减少，事务所不会因此少付薪酬；另一方面，在必要时，对退出合伙人未遵守协议进行惩罚。例如，如果因推迟移交而导致客户流失，事务所会相应减少该合伙人的退出补偿款。

对于该管理合伙人的客户，事务所需要确定一个新的继任审计师。在过渡阶段，让客户逐渐熟悉新的合作伙伴是尤为重要的。首先，要提前向客户介绍未来的继任者。同时，在可能的情况下将事情委任给他。例如，一位客户可能会打电话询问原项目合伙人一些问题，此时不要像往常那样立即做出回答，而是要把一些问题交给继任者，让他去回电话。如果原合伙人继续回答客户的每一个问题，这种客户关系将不会顺利过渡，客户的保留工作仍然会有风险。

2）*发展新客户群*

国外研究表明，国际事务所拓展国外审计市场时，首先通过为当地政府及相关部门提供管理咨询、业务培训、担任顾问等方式顺利进入当地审计市场，并占据较高的市场份额。其次，采用吸收合并等方式与当地事务所进行合作，成立中外合作的事务所，以此在当地发展新的客户群。最后，国际所还会通过合伙人和员工的人际关系来发展新的客户群，并与个人的绩效评价相结合。

具体来说，事务所合并后发展新的客户，必须针对不同的潜在客户分别制定发展战略。对于每位客户都需要从所处行业、公司规模、管理层的诚信度、盈利能力、潜在发展能力等角度进行综合评价。对符合事务所要求的客户发布信息进行沟通，以事务所的品牌形象、服务质量、专业能力等方面吸引潜在客户。

5.2.3 合理定位客户群的整体风险水平

事务所合并后要根据自身规模、行业地位、品牌声誉以及执业能力等方面合理定位客户群的整体风险水平。应重点关注合并各方的质量控制状况以及客户群的整体质量等方面的匹配程度，凭借客户信息管理系统，对现有客户采用量化指标进行差异化分析。并非所有客户都符合合并后新事务所的要求，需要对客户进行风险评估并实施必要的筛选调整，剔除那些财务状况不良或存在高风险的客户。

5.3 人力资源的整合

人力资源是会计师事务所两大核心资源之一。合并后的人力资源整合涉及的核心问题是相关人员的权、责、利的重新分配。实际操作中真正平衡各方的利益有相当大的难度。事务所合并过程中如果不能进行有效的人力资源整合，必将导致人才的流失，特别是合伙人的流失。合伙人一般掌握着重要的客户资源，他们不会轻易将自己承揽的客户移交给其他人员，因为这与个人业绩挂钩。同样，客户会更关注同自己打过交道的合伙人是否仍在新的事务所里，因为他们担心如果换作其他合伙人，新合伙人需要重新了解客户的财务状况、建立新的沟通渠道等，由此将带来额外的打扰和启动成本。因此，事务所合并后的人力资源整合应与客户资源、薪酬制度以及事务所文化联系起来，制定一套符合自身的人力资源整合计划。事务所合并过程中的人力资源整合模型如图 5-2 所示。

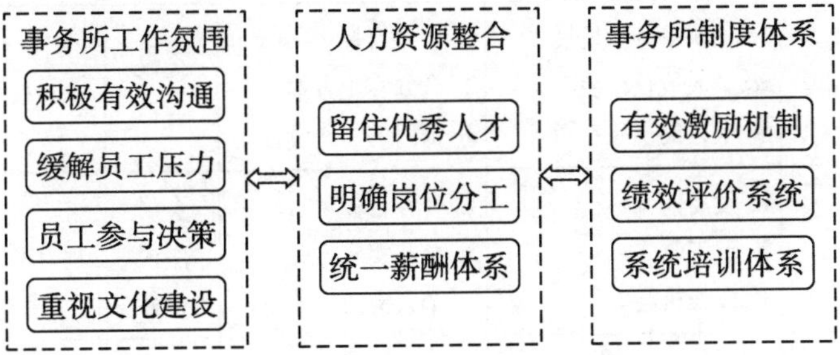

图 5-2　事务所合并过程中的人力资源整合模型

5. 3. 1　营造新的工作氛围

人力资源整合过程需要营造轻松、舒适的工作氛围，向员工传递积极、正面的信息，强调合并不是一种威胁，而是一种提升自身价值的机遇。首先，高管人员应加强与员工之间的沟通，帮助员工缓解压力，并将合并后的发展目标传递给员工，以获得员工的支持与理解。其次，事务所可以向员工寻求关于合并整合方面的决策建议，通常员工会很乐意给事务所出谋划策，参与决策会让员工亲身感受到自己是事务所的组成部分，对事务所更加有认同感与归属感。最后，将事务所的文化内涵传递给每位员工，让员工重塑新的价值观、执业理念和职业发展规划。表 5-2 是事务所合并整合阶段的沟通计划参考表。

表 5-2　　事务所合并整合阶段的沟通计划表

沟通对象	沟通目标	沟通内容	沟通方式	责任人
事务所高管	1. 合并可以使事务所得到快速发展 2. 每个人都有成长机会	1. 合并目标 2. 合并实施方案 3. 发展战略 4. 个人成长 5. 合并计划	会议 访谈	事务所高管人员
部门经理	1. 加快事务所发展 2. 个人成长机会 3. 个人的重要作用	1. 合并目标 2. 合并实施方案 3. 部门的工作责任	会议 座谈	项目经理人员
普通员工	1. 发展前景 2. 员工收入 3. 成长机会	1. 合并目标 2. 合并实施方案 3. 个人潜力	会议 座谈 信件	项目经理人员
监管部门	1. 事务所发展前景 2. 政府支持	1. 合并目标 2. 对行业发展的贡献	会议 访谈	事务所高管人员

5.3.2　留住员工①

1）员工在事务所合并时通常关注的问题

大多数员工没有经历过合并，他们并不喜欢改变。事务所在进行合并时，员工通常会关注以下问题：

（1）工作保障和焦虑心理

随着事务所宣布合并公告，员工首先就会出现焦虑心理，会感觉到自己处在一个信息真空的环境中，尤其是一般员工。他们由于无法获知关于合并的进一步信息，对事务所未来的发展变化、自己在新事务所中的职位和角色定位充满不确定。他们并不知道合并后

① 邓川，陈龙．会计师事务所合并中的客户和员工保留问题探讨［J］．会计之友，2013（3）上：42-45.

事务所是否会继续聘用他们，对员工会有什么新的要求，今后对谁负责，因此会导致员工出现紧张和疑虑。

（2）薪酬及福利

会计师事务所是“人合”的服务企业，最大的管理问题就是如何管好人，抛开事务所知名度及其文化底蕴的吸引，员工最关心的应该还是薪酬。薪酬除了起到生活保障的作用之外，更是员工个人价值的标签，它具有物质和精神的双重含义。因此，公平合理的薪酬政策对于事务所合并后的人力资源整合尤为重要。由于不同地域经济发展的差异，各家事务所不同地区、同级别的员工薪酬可能存在差异。薪酬相对较低的员工会感觉受到了不公平的对待。如何解决这种差异是事务所合并后人力资源整合中面临的难题。

（3）工作环境

由于会计师行业的特殊性，在事务所工作往往压力比较大，而现在事务所里的一般员工很多是刚刚走出校园不久的大学生，他们更多的是需要一个充满活力和激情的工作环境。舒适的工作环境是员工考虑的另一个重要因素。在事务所进行合并后，一些员工将面对新的工作环境，这时他们会有种种焦虑不安的心理。能否和原来的同事继续合作，是对以前的项目合伙人负责还是有一个新上司，这些都变得那么的不确定。对事务所的归属感也会下降。

（4）信任

员工对事务所信任度降低的原因可能是因为合并公告突然宣布，给员工心理造成极大的冲击。他们认为高层知道的信息要比普通员工多很多，因而会对自己的处境感到不知所措。在这种情况下，员工对事务所高层的信任下降，而本来就对事务所有顾虑或不满的员工则会变得更偏执和抵触，员工对高层的态度和言行会持有怀疑和揣摩的态度。

2）合并整合过程中应采取的行动

留住员工的关键在于使合并后改变最小化，给他们一个为什么会从合并中获益的清晰情景，并且不断地与他们交流。具体而言：

（1）直接向员工传达正面信息

不管是小道信息，还是客户和公众公告中提及的事务所合并信息，事务所中同事之间都会进行讨论。由于大多数员工没有经历过事务所合并，他们的观念会被媒体关于合并主要是为了降低成本和裁员的负面报道所误导。因此，事务所高层应在合并完成之前直接告知员工，不要让员工事后才从客户和媒体那里获知有关信息，这样可以强化员工对事务所的重要性。事务所要向员工传递正面的和乐观的信息，强调合并不是一种威胁，而是一种提升自我价值的机遇，向他们提供员工为什么能够从中获益的合理理由。

（2）与员工保持开放性的对话

事务所合并过程中，应给员工搭建一个对话平台，让他们提出问题，探讨合并对他们的影响。小型事务所可以任命一个能与员工共事的专人来提供一对一的交流机会，而大型事务所可以任命几个人员，每个人专门针对每一类员工，如经理、高级审计人员和助理人员。

在合并后，事务所可以向员工寻求关于整合方面的决策建议，员工通常会很乐意给事务所提供相关信息。参与决策会让员工感受到自己在事务所的重要性，感觉到个人意见得到认可，对事务所也就更有认同感和归属感，也更加愿意留在事务所工作。在对话过程中，事务所寻求员工意见不能流于表面形式，对于有价值的建议应该切实做出行动，让员工感受到个人意见得到肯定。对于没有采纳的意见，事务所应该与员工沟通并告知缘由。

（3）缓解员工的工作前景压力

事务所合并会导致一些员工焦虑不安，工作消极应付。员工最关心的问题之一是合并后是否会被裁员，岗位是否有变化，未来的晋升道路是否受到影响。因此事务所要尽快明确岗位分工，并在岗位安排和晋升过程中营造公平、公开的用人环境，对并入的事务所的员工采用统一的职级和晋升政策，充分调动员工的积极性，否则容易产生负面影响。此外，要采取措施帮助新并入的员工适应新的工作环境。例如，德勤会计师事务所在合并北京天健会计师事务所时制定了一个名为“buddy system”的伙伴计划，德勤的员工可以像伙伴一样帮助北京天健的新同事更快地适应国际化事务所的环境，适应其业务流程和要求。

(4) 薪酬整合计划

薪酬是员工最关心的另一个问题。制定一个吸引和留住优秀员工的薪酬激励机制，对于事务所合并后留住员工至关重要。合并过程中，薪酬的整合不能强制性地一步到位，而是逐渐缩小合并各方在薪酬结构和水平上的差异，最后力争做到同工同酬。

5.3.3 制定有效的绩效评价与激励机制

1) 绩效评价

事务所合并整合的内容之一是建立统一的绩效评价体系。第一，绩效评价与人力资源相联系。员工的执业技能和业务知识与其业绩直接相关，选择不同职级人员、确定适当的培训计划都离不开绩效评价。第二，要与薪酬机制相结合。将业绩评价与薪酬相联系，可以激发员工的工作积极性，提高他们的业绩水平。第三，绩效评价与质量控制相结合。

2) 激励机制

人力资源整合还包括制定一系列激励机制。激励可以采取多层次、多元化的方式，针对不同员工设定差异化的激励方式，以最大限度激励员工的工作积极性与创造性。事务所激励方式应该体现公平、公正的原则，切实从员工的利益出发，营造出竞争、择优的用人环境，以个人能力为标准建立激励机制，充分调动员工的积极性。

5.3.4 建立系统的员工培训体系

事务所是智力密集型服务企业，注册会计师的专业胜任能力、执业道德水平等方面直接关系到事务所的生存与发展，培训是对注册会计师进行“充电”。“四大”事务所都有自己专门的员工培训机构与培训制度，每年都会投入大量的人力与物力。目前，国内所针对员工培训机构的设立与培训时间明显不足，合并后可能会出现人才流失现象。国内所可以从“四大”事务所吸取经验，促进事务所员工整体素质的提高。事务所培训系统应该多样化、全面性，依照员工不同的职位层级、职业背景、发展方向等制定因人而异的培训方法。对于高管人员，要注重管理能力、自我修养、组织协调等方面的培训；对于普通员工，在执业水平、专业知识、组织协调能力等方面进行重点培训。

5.4 薪酬激励机制的整合

薪酬激励机制是事务所内部治理的重要内容，公平、合理的薪酬激励机制有利于吸引和留住优秀人才、充分调动员工的积极性。目前，“四大”事务所与国内所的薪酬激励机制存在明显差异，“四大”事务所员工薪酬以年薪制为主，而不少国内所的薪酬制度是采用浮动工资制，即基本工资加业务提成，而且业务提成占总收入的比例较高。这两种模式与事务所的审计收费、经营绩效、客户质量等有很大关系。笔者认为，事务所合并后应深入分析合并各方原有的薪酬激励机制，进行有效的薪酬激励机制整合，吸引并留住优秀人才，引导其为事务所的发展而努力工作。

5.4.1 薪酬激励机制的完整性

事务所通常把薪酬激励分为内在薪酬与外在薪酬，每种又细分为直接薪酬和间接薪酬（见表5-3）。直接内在薪酬是指富有意义的工作所带来的好处，间接内在薪酬主要是指提供优越便利的工作条件。直接外在薪酬是指依据员工工作贡献大小直接支付的货币报酬，包括基本薪酬、绩效薪酬、奖金等，间接外在薪酬是给员工提供的福利项目。事务所合并后对员工进行激励时，既要从外在薪酬着手，也要对内在薪酬加以考虑。此外，事务所要注重开发新的薪酬激励方式，提高每种薪酬形式的含金量，这样会增加对优秀人才的吸引力。同时，应从人性化角度出发，对各种薪酬激励方式进行有效选择和组合，使员工对事务所更有归属感与认同感，做到人尽其才，人尽其位。

表 5-3　**薪酬项目体系**

薪酬	直接薪酬	间接薪酬
内在薪酬	个人长远发展，权利与决策，团队协作，挑战性，责任感	工作环境，工作时间，人际关系，名声和地位
外在薪酬	基本薪酬，绩效薪酬，知识技能薪酬，利润分配	个人福利，社会保险等公共福利，带薪休假

5.4.2　针对不同人员的薪酬激励机制整合

在事务所合并整合过程中，事务所应在深入考察合并各方的薪酬激励机制后，整合出适用于事务所经营和文化环境的薪酬激励方案。制定的薪酬制度应能激发员工的工作积极性，特别是留住优秀人才，引导他们为新事务所努力工作。薪酬激励措施取决于事务所的经济效益，一个具有良好激励作用和奖惩适度的薪酬激励机制，必将不断提高事务所的经济效益。

1）一般员工的薪酬激励机制整合

一般员工的薪酬由岗位工资、绩效工资和福利构成。岗位工资是按照员工在事务所的职位级别而定，绩效工资则是根据员工的绩效评价结果确定的。此外，事务所还可以提供多种补充福利供表现优异的员工选择，发挥激励作用。

（1）岗位工资

事务所合并后应根据合并各方所处地区的平均工资、消费水平以及注册会计师行业的平均工资来确定岗位工资。

（2）绩效工资

事务所合并后可以根据自身的实际情况，以业务拓展、审计质量、内部治理、吸引培养优秀人才这四大类指标为基础对绩效评价体系进行适当调整。事务所应根据员工的工作进展进行不断的反馈，并依据绩效评价指标决定普通员工的绩效工资。普通员工具有较大的职业发展空间，但对自己未来发展方向具有较大的不确定性。因此，事务所应加大绩效工资的比重，关注其职业发展能力，培养员工的忠诚度。

（3）福利

福利可以分为基本福利和绩效福利。法定福利包括五险一金、加班费、法定休假、职业津贴等。绩效福利则由事务所自行安排，设置最贴近员工生活的补充福利，会显著提高事务所对员工的凝聚力。

2）合伙人的薪酬激励机制整合

合伙人薪酬主要由绩效工资、奖金和利润分配构成，其绩效评价指标包括专业知识和技能、市场开发、管理能力等几个方面。根据合伙人的绩效评价确定其绩效工资，对有突出贡献和表现的合伙人给予额外的奖金，由薪酬委员会决定本年可分配利润总额后，按股份分配利润。合伙人薪酬激励作为合伙人协议的重要部分，应以绩效为主、股权为辅，体现事务所管理的科学性、整体性和激励性。

（1）绩效工资

事务所合并后在年初设定绩效工资与发放标准，以便每位合伙人能有计划地实现个人薪酬最大化。在进行年度绩效评价时，每位合伙人先依据绩效评分表进行自我评估，由薪酬管理委员会确定合伙人的最终绩效评价结果，然后以绩效评价结果进行薪酬分配。合伙人也可以将自己对薪酬分配的意见反馈给薪酬委员会，以改进薪酬激励机制，使其更具合理性。

(2) 奖金

当合伙人有突出贡献时，事务所应对该合伙人发放适当的奖金，以资鼓励。例如，获得政府部门及行业协会的认可和表彰，为事务所解决重要问题等。除了物质奖励，也可以设定部分权益份额作为奖励，这对新加入的合伙人将有很大的激励作用。

(3) 利润分配

事务所根据实际收益和已发放的薪酬来确定年末剩余可分配利润，按照股份确定每位合伙人应得的数额。同时，从中扣取一定比例数额留在事务所，直到合伙人将来退休时才可领取。这种设计模式主要是为了提高合伙人的责任感和风险意识，例如，某合伙人接受高风险客户，短期内可能会增加业绩，但其弊端通常要经过一段时间才能暴露。如果因合伙人的过失给事务所造成损失，则无法取得保留在事务所的所得，这形成了一定的惩罚机制。

3) 消除合并各方薪酬激励机制存在的差异①

事务所合并前各方的薪酬激励是不同的，合并后应对合并方与被合并方的薪酬制度进行分析，包括合并各方所处地区、区域工资和消费水平、审计收费等方面。对于存在较大差距的合并各方，要逐渐缩小差异，不能强制性一步到位，只有这样，事务所才能顺利进行整合。事务所在制定薪酬激励机制时，对一般员工和合伙人的薪酬计划要进行区分。下面以案例来分别说明一般员工和合伙人的薪酬整合措施。

(1) 一般员工的薪酬过渡计划案例

甲事务所有 2 位合伙人，上一年度有 960 万元的业务收入。乙事务所有 6 位合伙人，上一年度有 3 000 万元的业务收入。乙事务所想合并甲事务所，甲事务所的全体员工在合并后将采用乙事务所的薪酬体系。在合并后，两家事务所必须缩小员工在薪酬和福利政

---

① 邓川，陈龙．会计师事务所合并中的客户和员工保留问题探讨［J］．会计之友，2013（3）上：42-45.

策方面存在的差距。乙事务所的 7 个高级审计员有 3～6 年的工作经历，年薪为 9 万元～11.5 万元，其中 5 年工作经历以上的员工可享受 3 周带薪休假的福利，事务所为员工支付一半的医疗保险金，剩下一半由员工自己承担。甲事务所的 2 个高级审计员有 10 年工作经历，年薪为 14 万元，每年可享受 4 周带薪休假的福利，而且甲事务所会为员工支付全额的医疗保险金。

在本例中，合并前甲事务所的高级审计员年薪为 14 万元，这已与乙事务所经理级别人员的薪酬和福利水平相同。然而，乙事务所不确定甲事务所的高级审计员是否具备乙事务所经理所要求的能力。但另一方面，任何减少甲事务所高级审计员薪酬和福利的行动，会促使他们离开事务所，而他们承担了大量的客户责任，高级审计员的离去可能导致客户跟着离开事务所。乙事务所可以通过以下两种方案来解决这个问题：

方案一：乙事务所可将甲事务所高级审计员提升为经理，并保持当前的薪酬水平。否则，仍然保持他们的高级审计员职位和 14 万元的薪酬，会使乙事务所同级别的高级审计员感到不满。如果在 12 个月内，甲事务所高级审计员不能胜任经理这个职位，乙事务所可以终止雇佣合同或对他们进行降级，这可以减少客户流失风险和员工之间的摩擦。本方法存在一定的风险：如果甲事务所高级审计员不能达到乙事务所经理层级的执业水平，那这可能会出现一些问题（例如，较差的客户服务质量、未能遵守执业准则等），为了避免这些问题的发生，乙事务所应该对这些经理加强监督，直到事务所相信他们的胜任能力。

方案二：仍然保持甲事务所高级审计员的职级和薪酬不变，而不考虑甲事务所与乙事务所的高级审计员在薪酬政策方面存在的差异。为了避免乙事务所高级审计员产生不满，乙事务所管理层要告知甲事务所高级审计员合并后事务所在正常情况下高级审计员和经理的薪酬范围，并激励他们达到经理所要求的能力水平，以证明他们目前的薪酬水平是合理的。如果这些高级审计员在 1 年内不能提高技能或者提升为经理，乙事务所可以解雇他们或减少他们的报酬。

（2）合伙人的薪酬过渡计划案例

丁事务所准备合并丙事务所，丁有15位合伙人，丙事务所有3位合伙人。丙事务所的1个管理合伙人将在3年后退休，另外2个合伙人至少还要工作10年。合并前，丙事务所合伙人的很多个人开销都由事务所来承担，包括合伙人的汽车开支、会费、继续教育费用、全部家庭成员的健康保险费用、电话费等，这些都是事务所提供给合伙人的福利。管理合伙人每年还有12周的带薪休假福利。而丁事务所合伙人除了每年4周的带薪休假福利之外没有享受到其他福利，很多其他开销也都由合伙人自己承担。显然，两家事务所在福利方面的政策有很大差异。如何来调整这种差异呢？

首先，丁事务所可以将丙事务所每位合伙人分得的账面收益加上其享受的福利价值，从而确定丙事务所每位合伙人的实际收益。

其次，只要这些新合伙人能够保持目前的收费收入水平和工作投入程度，丁事务所可以承诺新合伙人在合并后1～2年内的实际收益不变。由于丙事务所三位合伙人在一起共事已有很长时间，他们已有自己的一套方法去分配利润。同时，对于丁事务所来说，在合并后的早期去评价每位新合伙人的业绩贡献是相当困难的。因此，丁事务所可以从合并后的利润总额中拿出一部分给三位新合伙人，由他们自己去决定如何分配。

最后，在承诺期结束后，对于管理合伙人之外的另外2个新合伙人，丁事务所应将他们纳入事务所正常的合伙人薪酬体系中。这两个合伙人也可以选择提早按正常薪酬体系进行利润分配。对于丙事务所即将退休的管理合伙人，他可能也会采用上述薪酬方案，然而由于他的目标是逐步退出，并将客户责任移交给其他合伙人，因此他的薪酬可以按照移交客户的目标实现情况而定。如果没有移交客户或者重大流失，合并后事务所可相应地调整该管理合伙人的薪酬水平，以弥补给事务所的盈利带来的负面影响。另一方面，在这

3 年的过渡期内，丁事务所应该容忍该合伙人因平稳移交客户而导致的工作时间减少。

5.4.3 薪酬激励机制与其他内部治理内容的联系

薪酬激励机制是内部治理的重要环节，一个有效的薪酬激励机制可以成为事务所合并整合过程中的黏合剂，它就能融合事务所的价值观、质量控制、客户资源、人力资源和文化等各个方面，既能保证客户和员工的稳定，又能促进审计质量的提高。要建立科学的内部治理机制，提高事务所风险管理和质量控制能力，需要事务所合伙人和普通员工的共同努力，而规范的薪酬激励机制能为事务所创造公平的工作环境，减少内部矛盾。“四大”事务所通过薪酬制度促进员工团结、提高员工执业能力，为内部治理奠定基础。因此，对于合并后的新事务所来说，建立一个公平、合理、富有挑战性的薪酬激励机制，可以激励员工转变价值观，接受新事务所的执业理念。

5.5 事务所文化的整合

5.5.1 事务所文化整合的含义

文化整合即事务所合并各方把各自文化按照制定的战略规划，重新构建成具有内在联系的文化整体，以实现不同事务所之间的文化融合（cultural harmonization）。企业合并失败的案例中，有相当大的比例是由于企业文化整合失败造成的。

参与事务所合并各方由于在管理理念、价值观以及执业方式上不尽相同，合并过程中难免会因文化差异而出现冲突。例如，每家事务所运转的正规化程度也各不相同，包括着装规定、员工工作计划和工作时间的规定，以至于员工同合伙人谈话时的表达方式要求等等。一些事务所鼓励在办公室中的社交活动，而其他事务所则认为这会影响工作效率。

事务所合并后，在组织结构、执业标准等方面相继发生改变，短期内员工会因为这种改变而感到不适应，对新文化的融入产生潜意识的抵触情绪，在执业过程中会产生矛盾与冲突。因此，事务所合并过程中要尽快进行文化整合，避免或缓解事务所内部的文化冲突。如果合并后事务所未能进行有效的文化整合，会导致工作效率下降，逐渐抵消甚至失去合并带来的好处，从而导致合并失败。

文化整合不是各种文化的简单叠加，而是根据事务所未来的战略目标，将合并各方的文化重新构成一个有机整体，使各种优质文化相互渗透、互为融合。事务所文化需要确立事务所员工广泛认同的价值观、执业标准，通过各种沟通渠道不断宣传和强化，最终形成包括物质文化、精神文化、制度文化、行为文化等四个层次的事务所文化体系，保证合并战略实施成功①。

5.5.2 事务所文化整合过程的四个阶段

本书将事务所文化整合过程分为四个阶段，具体内容如下②：

1）准备阶段

事务所合并各方之间的文化差异是合并冲突的主要原因，这一观点已经得到社会各界的普遍认同。作为合并各方有必要评估自身与其他合并方事务所的文化是否存在差异，以便于确定事务所文化对合并的影响程度，评估这些差异是否会导致合并终止。事务所合并前的文化调查是为了了解合并各方的文化差异，分析文化的可融合性，帮助事务所在制定文化整合方案与实施中做出正确决策。目前，不少国内事务所合并后才发现各自存在较大的文化差异，最终导致合并终止。同样，“四大”事务所也存在因文化差异较大而终

① 胡建军．事务所规模化发展的实践［J］．中国注册会计师，2006（6）：24-26.

② 刘萍萍．会计师事务所合并后整合问题研究［D］．大连：东北财经大学会计学院，2011.

止合并的例子，可见合并前的文化尽职调查对合并是至关重要的。在调查过程中，事务所可以采用多种方式，如分析区域环境、对合伙人进行访谈、开展问卷调查等。通过对调查结果的分析，事务所高管需要分析合并各方文化的融合性，如果同意合并，那就应该着手制定文化整合计划。首先，确定合并后事务所的价值体系，它是整个事务所文化体系乃至经营运作、控制、调节的文化内核。其次，要具体计划整合的时间、内容以及预期效果等。最后，文化整合应与其他方面的整合内容相结合，制定具体的实施路径。

2）碰撞阶段

碰撞阶段是文化整合的开始阶段，就是文化整合方案付诸实施的阶段。由于新文化的导入而产生较大的变革与震动过程，在这一阶段容易引起文化冲突，新旧文化直接接触可能随时会出现并引发文化冲突。因此，要加强对文化整合过程中起到重大障碍作用的关键因素进行监控。把握文化整合的速度和可能发生的文化冲突强度关系，及时采取有效措施消除障碍焦点。同时，要循序渐进、灵活采用多种文化导入模式。

3）融合阶段

在文化融合阶段中，可能产生不可预见的问题，如果问题处理不当，可能会引发深层次的文化冲突。文化融合阶段应注重以下两个方面：一是创造文化整合氛围。事务所合并后应该组织员工参加事务所文化培训，让员工清楚认识到合并各方以前是怎样的事务所，新事务所今后的战略目标等问题。这样可以让员工认识到新事务所的文化氛围，将这种文化灌输给每位员工。二是逐渐导入文化气息。事务所应该通过一些典型事例、典型人物的宣传，以及用制度规范将这种认识及行为固化，逐步演化为全体员工认同的一种价值观和执业理念。事务所要从精神文化整合入手，重新构造事务所组织及制度，树立起新事务所文化。无论采用何种导入模式，都应强调文化整合与制度整合等并行，相互促进。伴随着文化整合方案的落实及新旧文化的直接接触，问题随时可能出现并引发冲突。因此，应关注文化整合动态，及时跟进，寻找解决方案。

4）创新阶段

事务所合并后的创新阶段并没有一个明显的界线，可能文化碰撞过程就是创新文化的过程，也可能融合阶段产生创新文化。事务所文化创新应能够反映事务所的先进文化，体现文化传承，符合时代的行业要求。

在上述文化整合的四个阶段中，事务所表现出的文化冲突曲线如图 5–3 所示。

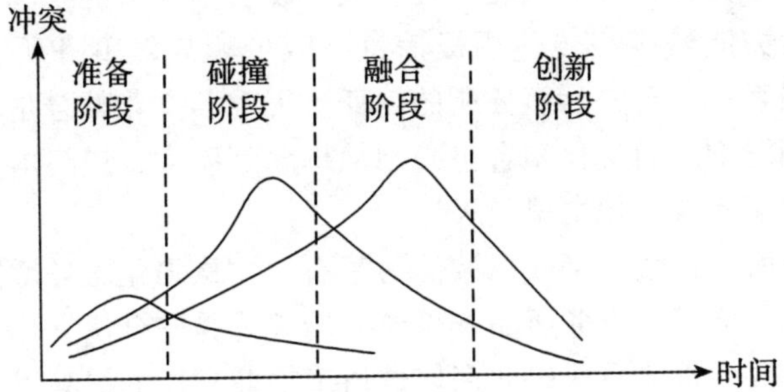

图 5–3 事务所合并整合过程中的文化冲突曲线

5.5.3 事务所文化整合与其他整合的关系

事务所文化整合是一项复杂而艰巨的工程，需要注重与质量控制、客户资源、人力资源以及薪酬激励机制等各个方面的整合内容联系起来，如图 5–4 所示。

成功的文化整合能够塑造员工的核心价值观、执业理念，有利于促进员工主动接受新的执业标准、业务流程，能激发员工开拓新业务领域的积极性。人力资源管理各项活动反过来也会对文化产生塑造、强化的作用。文化整合能从价值观层面指导事务所人力资源整合，良好的文化整合能推动事务所人力资源整合，而人力资源整

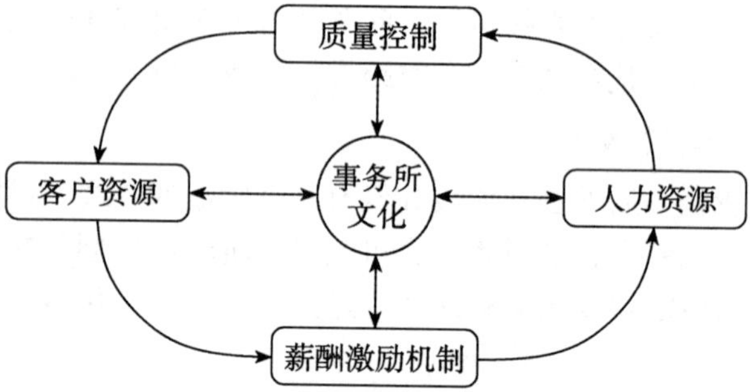

图 5-4　文化整合与其他整合内容之间的关系

合是事务所文化整合的实现路径。文化整合后融洽的氛围、良好的团队凝聚力能给客户传达积极信息，减少客户对事务所合并的抵制，增强客户对合并后事务所的信任。因此，文化整合是客户资源整合的润滑剂。而文化整合也必须从理念到制度，最终落实到客户层面，才能实现文化由里及表。

事务所文化整合必须以诚信为基石，注重强化服务增值与风险防范理念。应维护事务所品牌声誉，培育优秀的合伙文化，并构建合理的绩效评价体系，以此来促进员工执业素质的提高以及诚信执业文化理念的树立等。伴随着我国本土会计师事务所加快“走出去”的步伐，更多事务所选择跨国合并来应对这种全球化经济发展。由于国内事务所与国际事务所存在明显的文化差异，海外合并的事务所对我国企业文化的认同度较低，因此文化整合在跨国合并中显得格外重要。

5.6　合伙人的相关制度安排研究

会计师事务所的合并首先涉及参与合并的各事务所之间利益的重新平衡，是事务所资源的重新配置。其中最难的是事务所管理层的重新调整，以及相关利益分配机制的建立。合并双方必须对这些问题形成一致意见。合伙人在事务所的管理中出于核心地位，留住合伙人与留住客户密切相关，对合并后事务所的发展至关重要。本节将重点探讨会计师事务所合伙人的两方面制度安排：合伙人的退出机制，合伙人的薪酬机制。

5.6.1　会计师事务所合伙人的退出机制

在事务所合并中，一些合伙人可能不再成为合伙人，甚至可能对合并不满意而退出原事务所。在会计师事务所的内部管理中，设计合理的合伙人退出机制对于协调在任合伙人与退出合伙人之间的关系，保持事务所内部稳定和长远发展至关重要。本书结合国外的做法，针对合伙人退出时资本返还金额的确定，合伙人期限效应的防范，以及合伙人退出时的限制性条款和补偿问题进行了探讨。

1）合伙人退出的资本返还和权益计价

当合伙人退出时，事务所需要退还该合伙人已投入到事务所的资本。由此，需要确定合伙人在事务所的权益的价值，以及相应的资本返还款。由于在资本返还上很容易发生分歧，因此事务所应当就合伙人退出时的资本返还方法事先充分讨论并达成一致意见，并体现在合伙人协议中。

（1）会计师事务所权益的理论价值

事务所的产品是非常特殊的，它主要提供具有鉴证性质的审计服务。这种服务更多地需要人们投入技能、知识和经验，是一种典型的智力型产品。这种特点决定了事务所本质上是“人合”，而不是“资合”（胡奕明，2004）。“人合”的特点，也决定了在事务所的权益价值中，账面有形资产只占一小部分，更大的价值在于人力资源、商誉等无形资产。例如，通过事务所专业人员的良好服务，事务所创造出自己的品牌和声誉，从而可以吸引新客户，取得更高的收费。

因此，事务所的理论权益价值由两部分组成：账面净资产价值和商誉价值。由于事务所很大一部分商誉来自于良好的客户关系，来自于能在未来获得一定收益的能力，因此在国外会计师事务所的收购中，收购方估计被收购方的公允价值时，通常用收费收入或利润的某一倍数去估计商誉。收费收入的倍数范围通常为0.5～1.5，利润的倍数范围通常为3～6。影响倍数大小的因素包括：客户的质量，事务所提供服务的范围（业务单一或多元化），员工的素质，事务所的盈利能力等。

（2）资本返还中是否考虑商誉

虽然事务所的理论权益价值包含有形资产和商誉，但国外事务所在是否向退出合伙人支付商誉上做法不一。其中一个原则是，合伙人退出时的权益计价方法应当与其当初成为合伙人时购买权益的方法保持一致，即进入时不考虑商誉，那么退出时也不考虑，反之亦然。国外一些小型事务所在合伙人退出时会根据前述公式向合伙人支付商誉部分的款项。然而，大型事务所通常不会向退出合伙人支付商誉，这除了与最初合伙人入伙时就没有就商誉支付款项有关外，主要还有以下四个原因：

首先，大型事务所可能是一个复杂的组织。退出合伙人的业务活动所服务的客户实际上是整个事务所的客户，而不是单个合伙人的客户，是与事务所不可分割的。例如，跨国公司这类客户通常是由大型事务所的多个合伙人为之服务的。因此，单个合伙人在离开事务所时，由于该合伙人向客户提供的服务价值严重依赖于留在事务所的其他合伙人的知识，离职合伙人通常不太可能带走客户（Holmes 和 Zimmer，1998）。

其次，即使某一客户能具体到某位合伙人，退出合伙人向客户提供的专有知识转移给其他合伙人的成本也非常高昂。Famer 和 Jensen（1983）指出，与公司制不同，专业合伙制下的剩余索取权只有有限的期限（limited horizon），即仅限于合伙人的服务期内。他们尤其指出，现有的合伙人通常没有重要的专利、专有资产或技术能够传给下一代合伙人。每一个合伙人只是将一个逐步耗减的人力资本带入合伙企业。因此，当一个合伙人的人力资本退出合伙组织时，他对合伙组织的财富贡献也就结束或者急剧减少。有时，客户可能变更事务所，商誉在合伙人退出之后可能会迅速消失。因此，在合伙人退出（剩余索取权终止）时也就不会取得大额的补偿。

再次，一些事务所通过新老合伙人不同的利润分享安排实现了支付商誉的效果。例如，一些事务所规定，新合伙人在早期只分享相对更小比例的利润，而高级合伙人则享有更高比例的利润份额，包括当期的高薪酬和缴入更高金额到退休金账户。例如，在国外一家事务所，每位合伙人的投入资本相同，但新合伙人在第一年只能收到高级合伙人 80% 的年度报酬，然后在接下来的 10 年内每年增加 2% 的报酬比例。直到第 11 年，他取得完全合伙人地位，此时年度薪酬才与其他高级合伙人一样。这种制度安排，实际上起到了新合伙人在早期用自己的收益向现有高级合伙人不断支付商誉价值的作用。通过新合伙人的业务活动，高级合伙人取得比自己对事务所的实际贡献更大的回报，这种高回报是因商誉价值而收到的款项。通过向在任合伙人支付年金，而不是在其退出时一次性支付大额商誉款的方式，事务所在合伙人退出时的资金压力也得到了缓解，尤其是多位合伙人同时退出时。

最后，计算商誉可能产生负面激励问题。事务所在确定商誉时通常会运用一些估价方法，如基于收费收入或利润进行估价，这可能会给事务所带来危害。例如，在国外某事务所，接近退休的合伙人知道增加其收费收入会提高其退休资本返还款，因此这些合伙人通过收购了三个新事务所来增加收费收入。然而，虽然收入增加了，但利润却下降了。在这些合伙人退休后，剩下的合伙人不得不重新缩小事务所的规模，以再次提高盈利能力。

（3）影响资本返还金额的其他因素

在账面净资产的基础上，除了商誉外，其他需要考虑的事项包括：①对于尚未完成的项目，是否需要根据预期的收费收入调整账面净资产。如要调整，则需确定：尚未完成的项目的时间安排，完工程度，已经赚取的收入部分，项目可能的坏账准备。②协议应当明确说明，家具、办公用具、设备、资料室等固定资产的增值或减值是否需要调整账面净资产。③风险基金是否退还。我国相关法规要求事务所提取风险基金，并列为负债项目。风险基金可由合伙人会议按照有关规定形成决议，来决定合伙人退出时是否退给合伙人。④该合伙人欠事务所的款项应当扣除。⑤如果资本返还款分期支付，事务所还需确定：每次支付的具体日期，付款的担保，拖欠方面的条款，以及递延支付部分的利息（视协议而定，可比照银行同期存款利率）。⑥有些事务所平时未对投入资本进行分配，而采用在资本退出时提供事先确定的利息。实际上，这些事务所的合伙人的最初缴款更多地按贷款处理，而不是按资本对待。

2）对合伙人退出时期限效应的防范

期限效应（horizon effect），是指退出合伙人在即将退出时可能做出最大化其短期财富但损害事务所长期利益的决策。这种决策的例子包括：降低市场营销支出，减少在技术上的投资。前述即将退出的合伙人通过盲目并购来抬高资本返还款也是一个例子。为了缓解期限效应，事务所可以采取以下措施：

首先，退出合伙人的资本返还款可以采取递延分期支付的方式。这种方法能缓解期限效应，是因为退出合伙人损害事务所利益的决策，最终会减少其将来资本返还款的预期价值。同时，资本返还款的递延，也有助于防范合伙人在退出之后做出其他有损事务所利益的行为，如带走客户或员工。从资金管理的角度看，当几个合伙人同时离开时，递延分期支付能让事务所有序地拿出资金，缓解资金压力。此外，为了协调在任合伙人与退出合伙人之间的矛盾，有些事务所会规定退出合伙人递延期间每年的支付金额上限，例如，不能超过事务所当年实现利润的一个固定的百分比，否则超过上限部分就延至以后期间支付。

其次，使用一个逐渐退出期，即将退出的合伙人在该期间减少相应的活动和利润分享份额，从而减少其决策给事务所带来的负面影响。例如，天职国际会计师事务所的章程规定，合伙人年龄满

60周岁必须退出合伙人地位，年满55周岁的合伙人只享有收益分配权，不享有收益分配表决权以外的表决权。年满55周岁的合伙人逐年退出股份，即每年减少20%的股份，直至全部退出（陈永宏，2008）。

再次，已退休的合伙人在退休后与事务所签订咨询协议，可以继续做事务所的顾问，这可以起到保持其对事务所长期获利能力的关注，例如在即将退休和退休后仍可以介绍新客户到事务所并获得报酬。

最后，未预留资金的合伙人养老金计划（unfunded pension plan）。国外事务所通常有两种退伙福利模式可供选择：预留资金的养老金制度，没有预留资金的养老金计划（Dickins，Noland 和 Washer，2005）。在预留资金的养老金计划下，事务所在合伙人在任时缴纳一定比例或固定的利润款项到其退休金账户上，在退休时合伙人取得养老金。另一方面，在没有预留资金的养老金计划下，对于准备退出的合伙人，事务所允许该合伙人在退出后的10～15年内每年仍参与利润分配，金额为其退出当年利润或者退出前最后几年的平均利润的一定百分比（金额确定）。这笔年金不是通过有形的投资来支付，而是来自于事务所后来的当期利润。如果没有利润，则不需支付养老金。因此，即将退休的合伙人在任时有动机采取一些最大化事务所长期利益的行动。同时，出于对丢失利润分配权的担心，该养老金计划也有助于防范合伙人在退出之后做出其他有损事务所利益的行为①。

3）对合伙人退出的限制性条款

（1）对退出合伙人带走客户的限制

当合伙人退出时，事务所经常面临退出合伙人带走客户或者一

① 未预留资金的养老金计划也有一些缺陷，它可能会对事务所的资金构成压力，尤其是多个合伙人同时退伙时。同时，它会影响在任合伙人的积极性，因为事务所的当期利润会首先支付给已经退伙的合伙人，现有合伙人的薪酬在低收入年度中将受到严重影响。

些客户宁愿让退出合伙人审计的风险。因此，事务所通常在合伙协议或内部契约中约定相关的限制性条款和惩罚措施。

在确定限制性条款时，需要考虑的因素包括：①确定事务所哪一层次或哪些技术领域的员工需要运用限制性条款。通常，限制性条款用于所有合伙人和经理层面较为恰当。②确定何时应当签订限制性协议。一个恰当的时间是员工即将成为合伙人或经理时。③设定受到限制的客户的时间跨度，例如，某合伙人在离开前三年服务的客户。④在法律允许的情况下，确定是否需要施加执业的地域限制，例如，限制退出合伙人在 3 年内不做在 200 公里范围内的公共会计业务。⑤确定该限制的时间长短。国际会计公司一般以 3 年左右为限，即合伙人在离职之后 3 年内不得带走原有客户（财政部会计司，2010）。⑥确定是否需要因合伙人遵守了限制性条款而单独给予一些报酬。例如，只要离开的合伙人在限制期内没有违反限制性条款，他就可以继续参与利润分享，每年收到一笔确定的金额。

如果合伙人违反限制性条款，事务所可以约定的惩罚措施有：①如果前任合伙人有继续参与利润分享的权利，并且在通知了该合伙人停止违约若干天后仍继续违约，那么其继续分享利润的权利自动终止。②要求前任合伙人在违反限制性条款时，将其在提供服务中所赚取的收入的一定比例作为补偿款支付给事务所。③授权事务所向法院提起诉讼，阻止该合伙人进一步违反协议，并按照一定比例收取一部分在判决前违约提供服务所赚取的收入，以弥补违约损失。此外，由于退出合伙人的资本返还款通常有一个递延支付期，因此违约补偿款可从资本返还款中抵扣。如不足扣除，则可要求退出合伙人在规定期限内支付差额部分。

最近的趋势使得事务所制定了更严厉的惩罚条款，例如，要求合伙人在更短的期限内支付补偿款，或者更高的补偿比例，或者两者兼而有之，以阻止合伙人很容易地转移其业务。

（2）对退出合伙人到事务所客户处任职的限制

在鉴证类业务中，如果鉴证客户的董事、高管或所处职位能够对鉴证业务对象产生直接重大影响的员工，曾经是事务所的合伙人，那么事务所或鉴证小组成员的独立性将受到自身利益、密切关系、外在压力三种威胁，尤其是在该人员与其原事务所仍然保持着重要联系时。为此，监管规则通常对事务所继续对该客户服务施加限制。例如，美国《萨班斯法案》第206节指出：在事务所审计某一发行证券公司的前一年内，如果该公司的现任首席执行官、首席财务主管或首席会计主管曾被该事务所雇用并参与了对该公司的审计，那么事务所向该公司提供任何审计业务的行为都是非法的。因此，在证券审计市场上，如果退出合伙人到之前审计过的客户处任职，将可能导致原事务所不能继续为客户服务，经济利益受损。为此，事务所往往在其合伙协议中设置相关条款，预先对退出合伙人到客户处任职施加限制。相关惩罚措施与前述带走客户限制相似。

（3）对退出合伙人带走员工的限制和补偿

除了带走客户，退出合伙人还可能让员工跟着他一起到其他事务所执业。在行业面临高素质人才短缺的背景下，这种现象也不少见。为了降低这种风险，很多事务所在合伙协议中制定了限制性条款。例如，国外某事务所规定，退出合伙人不应在其退出后两年内，直接或间接招揽、雇用事务所员工或在该合伙人退出前1年内辞职的员工，或者怂恿他们加入新事务所。如果退出合伙人违反该条款，那么他应向事务所做出补偿。这种补偿通常根据重新补充流失员工的成本计算，包括：员工招聘费用，以及向新员工额外支付的增量报酬。例如，某合伙人离开事务所并在后来招聘了原事务所的一位年收入为10万美元的经理，在补充该经理的空缺时，事务所为此支付了3万美元招聘费用，并且向新员工支付12万美元的年度报酬。为此，原合伙人支付给该事务所的补偿金额应为5万美元。事务所应当向原合伙人提供应支付金额的详细说明。当事务所还没有补充空缺员工时，事务所应向该合伙人合理估计补充空缺员工的补偿金额，退出合伙人应当在收到上述通知后若干日内支付该金额。

除了上述三方面限制之外，国外许多事务所有强制性和最低的退伙年龄，而且在退出之前需要提前一段时间通知其他合伙人，以便事务所有足够的时间交接行政责任和客户责任。在最低退伙年龄之前离开的合伙人将面临严厉的惩罚。例如，国外某事务所就要求合伙人至少要服务 10 年才有资格离开。如果一个合伙人在退出事务所之前没有提前两年通知，那么他会丧失 20% 的累计退休福利。

5.6.2 会计师事务所合伙人的薪酬设计

会计师事务所合伙人的薪酬制度是事务所最重要的内部治理制度之一。公平合理的合伙人薪酬制度有助于合并后事务所的平稳发展，有助于吸引和激励优秀人才，将合伙人个人目标与事务所整体目标紧密联系起来，实现个人和事务所的共同发展。本节基于事务所的“人合”特点，结合国外事务所合伙人薪酬制度和案例，对合伙人薪酬制度中如何解决“按业绩分配与按资分配的关系”、“如何在薪酬设计中同时体现激励和平等”等问题进行了探讨。

1）会计师事务所“人合”特点对合伙人薪酬设计的影响

众所周知，会计师事务所是一种典型的“人合”企业，对资本的要求较低。一方面，合伙人通过投入资本成为事务所的所有者。另一方面，合伙人也是事务所的经营管理者，在客户开发、团队组织管理、员工培训和行政管理等方面发挥着重要作用。这与一般公司所有者和管理层之间明确的委托代理关系不同。因此，事务所的主要代理问题不是体现在股东与经营者之间，而是各个合伙人之间。例如，某一位合伙人偷懒，没有对某一项目执行应有的审计程序和质量控制，导致被查处时给其他合伙人带来了连带责任风险。

（1）合伙人薪酬应以按业绩分配为主，按资历分配为辅

由于合伙人所有权与经营权合二为一，因此在合伙人的薪酬结构上，除了合伙人作为所有者享有剩余利润的分配之外，作为管理者的合伙人薪酬中通常还包括：工资、奖金和长期激励等要素。工资满足日常生活需要，奖金是对管理者突出业绩的短期激励，长期激励包括给予合伙人额外的权益激励。鉴于事务所的“人合”性质，事务所的利润应主要以各合伙人的智力劳动、对事务所的贡献为基础进行分配（以下简称“按业绩分配”）。在上述薪酬中，也就表现为以工资、奖金和长期激励要素为主，部分解决合伙人之间的代理问题。同时，考虑到事务所在办公用房、设备和系统开发等方面需要资本，因此也应对合伙人的投入资本适当给予回报。

（2）商誉对新老合伙人薪酬的影响

“人合”的特点，也决定了在会计师事务所的价值中，账面有形资产只占一小部分，更大的价值在于人力资源、商誉等无形资产。新合伙人的薪酬往往与其成为合伙人时是否为商誉额外付款有关。

在国外的一些小型事务所，新合伙人进入时不仅要为取得账面净资产付款，而且要为商誉额外支付一笔费用，从而取得完全合伙人地位。在这种情况下，新合伙人的后续薪酬确定原则与老合伙人一致。但这种方法的问题是，新合伙人的经济实力可能不够，同时合伙人退出时事务所也要向其支付包含商誉的大额资本返还，资金压力很大。为此，很多大型事务所仅要求新合伙人进入时按照账面净资产支付投资款，但在接下来的若干年内，一些事务所规定新合伙人不能分享利润（即学徒模式）。例如，一个事务所新合伙人头三年只有固定工资，然后从第四年才开始分享利润。也有一些事务所规定新合伙人可以参与利润分享，但分享比例在一段时间内低于原有合伙人，以后每年逐渐上升，直到若干年后与其权益比例一致。此时，新合伙人相当于用自己未来的收益支付了商誉价值，事务所为新合伙人取得完全合伙人地位提供了融资。

2）国内外会计师事务所合伙人的薪酬制度

（1）内资事务所合伙人的薪酬制度现状

目前，国内事务所合伙人的利润分配主要以股份比例为基础（张立民、刘剑萍，2007）。然而，从国内事务所的发展历程看，很多事务所是通过脱钩改制而来的，合伙人的形成有着特定的历史背景，现有的一些合伙人并非从业务一线做起，不一定都能适合事务所发展的需要。此外，有的出资人可能因年龄、身体状况或调离等原因，已经不参加事务所任何业务活动，但这部分出资还没有退出。因此，如果按照所有权比例分配的成分过高，则必然造成合伙人之间、合伙人与其他员工之间矛盾重重。为此，国内也有一些事务所采用合伙人薪酬与业绩挂钩的办法，淡化了股权（胡奕明，2006）。例如，一些事务所规定对每位合伙人的账面资本只支付固定比率的回报。还有一些事务所制订了专门的市场开发激励办法，如按收入提成或按部门利润池进行初次分配（张立民、刘剑萍，2007）。

（2）国外事务所合伙人的薪酬制度

国外事务所合伙人的薪酬分配模式主要有三种类型：

①按所有权比例分配模式。合伙人的薪酬主要包括工资、奖金、按所有权比例分配的净利润。这种模式较少被采用，主要集中于一些小型所。

②平均分配制（equal-sharing）。这种方法有纯粹的平均分配和基于等级的平均分配制（seniority system）。纯粹的平均分配也就是合伙人平均分配利润。而基于等级的平均分配制将合伙人分成若干等级，如初级合伙人、高级合伙人、管理合伙人等。相同等级的合伙人分得相同的利润，在晋升时一起晋升到更高的等级，等级高的合伙人比等级低的分配更多的利润份额。等级的确定主要基于最初成为合伙人的时点或资历。初级合伙人在达到一个确定的期限后稳定下来，成为一名享有完全份额（full-share）的合伙人。

③基于业绩的分配制度。这种方法主要以业绩评价结果作为利

润分配依据，在业绩评价时会综合考虑若干业绩因素并赋予相应的权重，从而评价出每位合伙人的业绩，然后决定相应的薪酬。需要注意的是，在评价合伙人的业绩时，除了考评合伙人开发客户、为事务所创收等因素外，还要考虑其是否保持了执业质量，是否恰当地控制了风险。如果过于偏重“客户满意度”，则会伤害注册会计师的独立性，降低审计质量，面临法律的惩罚，损害事务所的声誉。

事实上，平均分配制和基于业绩的分配制度各有优缺点。Gilson 和 Mnookin（1985）认为，在基于业绩的分配方法下，要综合考虑到各种业绩因素并赋予一个恰当的权重是很难的，尤其在大型事务所中。设计不当的业绩评价体系可能会过分强调单个合伙人的业绩，挑起他们之间的矛盾，导致合伙人之间不合作，也不会促使合伙人在客户或事务所需要时为了事务所整体利益将客户移交给其他合伙人做。另一方面，基于等级的平均分配制虽然看起来效率不高，但相对简便，可能更有助于合伙人之间的合作，形成和保持事务所的专有资本（firm-specific capital）①。这种分配制度有助于实现单个合伙人通过加入合伙事务所分散其人力资本风险的目的，有助于事务所的稳定发展。因此，很多事务所的分配方法都会兼顾资历和业绩评价因素，差异则体现在更偏向哪个要素而已。

（3）权益点数分配方法

权益点数分配方法在国外较为流行。它兼顾了资本投入与业绩贡献：

①合伙人的所有权表现为一定数量的点数或单位（point 或 unit），类似股份数，例如某合伙人在全部合伙人总点数 1 400 点中

① 事务所的专有资本是指单个合伙人的人力资本的价值总和与整个事务所的未来预期利润的资本化价值的差额。单个合伙人的人力资本价值是指如果合伙人在事务所外部其他地方最有价值地使用人力资本时的价值。事务所的专有资本不易从事务所被带走，也不易在事务所外部复制，因此该资本带来的利益只能归事务所内部的合伙人分享。事务所专有资本的存在使得合伙人留在事务所内部的收益更大，从而有助于保持事务所的稳定。

拥有 140 点。

②最初的总点数可以根据当时的年度业务量确定。例如，某事务所当年的年度收费收入是 300 万元，那么它可将每 1 000 元设为一个点，那么初始总点数为 3 000 个点。如果事务所成立之初就用权益点数分配方法，那么初始总点数可按每位合伙人的初始投入资本比例分配。如在事务所成立若干年之后改用本方法，则还需考虑截至当时各合伙人对事务所的贡献①。

③此后每年或每几年，事务所根据收费收入的增加情况增加点数。例如，某年事务所的业务收入增长了 3 万元，那么折算为点数即为 30 点，这增加的 30 点再根据每位合伙人在客户开发、做业务的时间、行政管理责任等业绩贡献因素进行分配。合伙人具体增加的点数通常由合伙人会议或类似机构确定②。

④后续的利润分配则根据最新的权益点比例在各个合伙人之间分配。

在将当期新增点数分配给合伙人时，国外一些事务所也会建立一些激励安排，通过投票的方式决定是否需要授予其他权益点。例如，设立资历点，留在事务所每 10 年授予 1 个点，为那些在事务所工作多年的合伙人提供一些利益。又如，合伙人每年投票决定授予 1 个点给为事务所推广、市场营销或取得公共关系做出最大贡献的合伙人。另一方面，如果一定比例的合伙人（如 3/4）提供证据表明，某个合伙人在工作时间的工作效率低或者存在重大收款问题（如应收账款的平均收款天数长，坏账比例高），那么应调低点数以保证其他合伙人的公平利益。

由上可见，权益点数分配方法的特点在于：不是完全按照初

① 通常，每位合伙人可能仅需因合伙人地位而享有若干个基础点，以确保所有合伙人都能收到合理的基本报酬，不论是初级合伙人或承担行政管理职责的高级合伙人，也不论他们是否开发了新客户或者产生了其他利润分配点数。这也是对“每位合伙人平等地分配利润”理念的认可。

② 用于做业务创收的时间获得的点数通常比用于行政管理的时间获得的点数高。例如，如果对每 100 个可收费工作小时授予 1 个点，那么对于承担行政管理职责的合伙人，可能对每 200 个合理的非收费小时授予 1 个点。

始投入资本（权益）比例分享利润，而是根据业绩贡献因素，动态、灵活地调整权益“点数”，从而影响基于权益点的利润分配。业绩贡献包括客户开发、工作时间、承担的行政管理职责等各方面。通过权益点数分配方法，事务所可以实现激励，降低代理成本。同时，有助于让合伙人感到分配公平，维持事务所内部稳定。

3）国外案例分析

本书将重点分析“基于资历的分配”和“分层次利润分配”两个案例①。

案例 1　　　　基于资历的分配方法

某事务所建立于1960年，目前有6位合伙人，9位专业人员，总共有30位员工，在两座城市有办事处。该事务所在确定合伙人薪酬时不考虑其在事务所的资本权益，因为事务所设定合伙人在事务所中有相同的资本权益份额②。资本购买价格是在事务所净资产账面价值的基础上，对当时的固定资产现值加以调整，不考虑商誉。对于退出的合伙人也采用相同的权益计价方法。

合伙人的薪酬包括三个部分：工资、奖金、资历。其中，工资在年初根据本年度估计的经营情况确定，每半月支付一次等额的工资，以提供高于平均水平的生活水准。奖金则先根据该年事务所的盈利情况而定，再根据年度的合伙人评价结果确定具体分配方案，用来激励表现优秀的合伙人。

资历在两方面影响股东薪酬：首先，高级合伙人的工资中包含了商誉差异化因素。新合伙人（初级合伙人）在成为合伙人的第一年只能拿到高级合伙人的80%，然后每年增加2%，10年后差异消除。其次，退休福利计划差异。事务所将向高级合伙人的退休

① 案例原始材料改编自 AICPA. Management of an accounting practice handbook: administration［M］. American Institute of Certified Public Accountants，2009。

② 由于会计师事务所对注册资本要求不高，以及事务所重大事项由全体合伙人共同决策的理念，国外很多事务所约定每位合伙人的投入资本是相同的。

福利账户中拨入更高比例的款项。对可用于合伙人退休福利计划的利润，具体分配到每位合伙人退休福利账户的方法为：首先加总每位合伙人在本事务所的年数（在适当的时候也可以商定将在之前事务所工作的年数累积），然后按照每位合伙人自己的资历年数与全部合伙人的资历年数之比算出各自的份额。

案例1小结

本案例可归于“基于资历的平均分配制”，合伙人的薪酬包括年度工资、奖金、资历三个要素，相对更看重资历而不是当期业绩。事实上，资历在一定程度上也反映了合伙人对事务所的历史累积贡献。之所以没有像其他一些事务所那样按客户开发、收费小时等要素并赋予权重的公式法来确定薪酬，是因为该事务所认为，这类公式往往过于强调单个合伙人的业绩，而没有强调更重要的一个理念：每位合伙人都分配了一些职责，即便一些职责没有那么光彩夺目，不能产生更多的收费收入，但为了事务所的发展和获利能力的提高，合伙人都必须要尽他们最大的能力去履行这些职责。这种强调合伙人为了整个事务所的发展而凝聚在一起工作的思想被称为“一个事务所”的理念。当然，考虑到某些合伙人的表现确实更加优异，事务所也通过奖金来实现对这一部分人的激励。

在采用本薪酬制度之前，该事务所采用公式法计算事务所的公允价值，来确定合伙人进入和退出时的权益计价，即：新加入的合伙人购买价格不仅包括事务所权益的账面价值，还要为商誉做出额外支付。对于即将退休的合伙人，他们将通过出售其在事务所的资本权益（也包含商誉）收到大量的退休福利。这种退休政策在事务所发展的早期是可以承受的（当时的营业收入不高）。然而，随着事务所的成长，一个即将退休的高级合伙人的权益回购价格变得非常高昂，他会从事务所拿走大量的资金，以至于级别较低的合伙人和潜在合伙人很少有动力再留在事务所。

通过采用现行制度，新合伙人在成为合伙人时不再支付商誉价值，其资金压力大大减轻。老合伙人通过在退休前享受额外高工资和得到更高比例的退休福利，实现了自己创造的商誉价值。事务所在老合伙人退出时仅按权益账面价值进行支付，资金压力也得以减轻。总体而言，通过这种新方法，该事务所在内部发展了所有的合伙人，留住了非常优秀的、渴望在未来购买资本权益成为合伙人的专业人员，确保了事务所未来的可持续发展。

案例2　　分层次的利润分配法

ABCD事务所已经经营了10年，2010年度事务所的营业收入是110万美元，2011年度增长了10万美元达到120万美元。2010年度和2011年度合伙人工资前净利润分别为50万美元和55万美元。E员工，28岁，他从事务所会计审计部的助理审计员开始做起。在经过2年的后备合伙人（principal）观察期后，2011年被正式提拔为合伙人。在成为合伙人之前，他的年薪是3万美元。

该事务所合伙人的薪酬有四个层次的要素：工资、按权益分配、特别分配、平均分配。

第一层次：工资

该事务所首先基于劳动进行分配。合伙人每半个月会定期收到一笔足以支付其日常生活费用的工资。在决定具体金额时，事务所会考虑该合伙人在事务所之外可能获得的工资（外部市场因素），以及在晋升为合伙人之前作为后备合伙人赚取的金额。合伙人的工资不是固定的，而是每年进行一次审核来防止不公平问题。在每一年度开始，管理合伙人会向所有合伙人提交一份工资计划表，只有超过50%的合伙人投票同意（同时按人数和按权益点数）时才能修改该计划表。事务所建立了合伙人的最低工资标准，该标准高于后备合伙人的最高工资金额。2011年各合伙人的工资计算过程见表5-4。

第二层次：按权益分配（equity）

事务所确定利润的第二层次分配应当基于合伙人的投入资本，而且规定权益获得的报酬总金额与支付的工资相等，从而体现劳动与资本同等重要的理念。

表 5-4 **第一层次：工资** 单位：美元

合伙人	上年工资	增加		当年的工资
		生活成本上升	承担责任和工作表现	
A	65 000	5 000	10 000	80 000
B	50 000	4 000	5 000	59 000
C	30 000	2 000	2 000	34 000
D	30 000	2 000	4 000	36 000
E	30 000	2 000	—	32 000
合计	205 000	15 000	21 000	241 000

注：如果事务所本年度实际上没有赚到 241 000 美元的合伙人工资前利润，那么合伙人的工资将相应按比例减少，整个分配到此结束。

事务所的权益用权益点数表示，该权益最初来自于合伙人的投入资本，以便公司开展运营。同时，该事务所认为，资本也可能来自于某些无形的要素，如开发客户，以及多年来尽心尽力地为事务所提供优良的服务。因此，该事务所也通过这些途径形成一些权益点数。每年，管理合伙人在年度评价的基础上提出权益点的调整建议，然后 70% 以上的合伙人（同时按人数和按权益点数）批准就可以实施。合伙人的权益点数只会增加，不会减少。通常只有在事务所年度营业收入增加时才会增加总点数。

三年前，该事务所从百分比权益法改为权益点的分配方法。由于当时的营业收入为 90 万美元，合伙人会议决定每 1 000 美元形成一个权益点，因此合伙人总共采用了 900 点作为最早的基础点。按权益分配利润的计算过程见表 5-5。

表 5–5　　**第二层次：按权益分配**　　单位：美元

合伙人	初始点数	授予的点数		总点数	按点数分配的利润
		以前授予	当年授予		
A	400	60	10	470	94 392
B	225	—	25	250	50 208
C	75	100	25	200	40 167
D	200	20	10	230	46 192
E	—	20	30	50	10 041
合计	900	200	100	1 200	241 000

注：如果事务所本年度在工资后实际没有赚到 241 000 美元的利润，那么合伙人按权益分配的部分将相应按比例减少，整个分配到此结束。

在表 5–5 中，每位合伙人的初始点数根据总点数与最初投入资本的比例确定。根据以往年度增加的营业收入 20 万美元额外增加了 200 点，根据当年增加的 10 万美元增加 100 个权益点。基于劳动与资本同等重要的理念，按点数分配的利润等于支付给合伙人的总工资金额 241 000 美元，然后按照每位合伙人的权益点数比例分配。

第三层次：特别分配

对于合伙人高于正常水平以上的特别努力或特别贡献，事务所也会提供额外的奖励。在本例中，合伙人 B 开发了大额的新业务，他在上一年度带进三个客户，因此在第三层次分配中获得了 5 000 美元的奖励。

第四层次：平均分配（equality）

年轻合伙人希望最终与高级合伙人平等地分享利润。该事务所认为：所有的合伙人都同样努力工作以实现满意的结果。因此，该事务所规定，前三层次分配后任何剩下的利润应当在合伙人之间平均分配。需要指出的是，新合伙人的平均分配仅限于其成为合伙人之后产生的利润增量。具体计算过程见表 5–6 和表 5–7。表 5–8 是汇总四个层次分配后的合伙人薪酬总额表。

表 5-6　　**第四层次：可供平均分配的剩余利润**　　单位：美元

在 E 成为合伙人之前的 2010 年净利润			500 000
前面层次的分配	第一层次	241 000	
	第一层次	241 000	
	第一层次	5 000	
			487 000
可供 ABCD 四位合伙人第四层次分配的利润			13 000
2011 当年的净利润			550 000
在 E 成为合伙人之前的净利润			500 000
可供 ABCDE 五位合伙人第四层次分配的利润			50 000

表 5-7　　**第四层次：平均分配**　　单位：美元

合伙人	ABCD 的利润池	ABCDE 的利润池	平均分配的利润总额
A	3 250	10 000	13 250
B	3 250	10 000	13 250
C	3 250	10 000	13 250
D	3 250	10 000	13 250
E	—	10 000	10 000
合计	13 000	50 000	63 000

表 5-8　　**合伙人的薪酬总额**　　单位：美元

合伙人	第一层次：工资	第二层次：权益	第三层次：特别分配	第四层次：平均分配	当年总薪酬
A	80 000	94 392	—	13 250	187 642
B	59 000	50 208	5 000	13 250	127 458
C	34 000	40 167	—	13 250	87 417
D	36 000	46 192	—	13 250	95 442
E	32 000	10 041	—	10 000	52 041
合计	241 000	241 000	5 000	63 000	550 000

在本案例中，管理合伙人需要编制合伙人的工资计划表，以及做出权益点数分配或奖金的建议。做出这些建议的基础是一些主观和客观的评价标准。

作为主观层面的评价标准，管理合伙人会在月度合伙人会议和年度会议中观察合伙人。此外，所有合伙人与客户的沟通情况和备忘记录副本，相关财务信息，取得或流失的客户方面的信息，都要递交给管理合伙人。

客观层面的评价标准包括：责任履行情况的讨论（accountability sessions）和年度评价。每一个月，管理合伙人会与每位合伙人见面进行30~90分钟的责任履行情况的讨论①，包括：讨论账龄在90天以上的应收账款情况，降低业务收费的情况，是否达到收费小时和收费总额目标，偏离事务所政策的情况。所做出的答复将记录下来并在后续月份中进一步检查。虽然责任履行情况说明的主要关注点是一些统计数据，但仍然有一些时间用于更个性化的交流。例如，鼓励合伙人讨论他们所担心的事务所问题、个人问题。这些讨论向每位合伙人提供了一个在问题恶化之前就及时加以处理的机会。这个讨论采用积极的方式，包括提出建设性的改进建议。每位合伙人的所有表格、回答、相关的备忘录以及支持性统计数据将保留在一个记录本中。12个月下来的讨论记录为管理合伙人做出薪酬调整建议提供了重要的信息。

另一个客观标准是年度评价。每年，在做出薪酬建议之前，事务所要求每位合伙人做出自评，同时评价其他合伙人。然后事务所汇总每位合伙人的自评和他评表格。每位合伙人将会拿到一个汇总表副本。管理合伙人和每位合伙人一起审核该汇总表，并对指出的缺陷或不足讨论整改方案。汇总表和相应的回复，以及责任履行情况说明中形成的表格，将成为该合伙人的记录本中的一部分。

---

① 管理合伙人和副管理合伙人也要互相做出责任履行情况的说明，同时有一位高级合伙人在场。

案例2小结

本案例中，首先，ABCD事务所合伙人的薪酬采用了按工资、权益、特别分配、平均分配的分层分配方法，分别满足合伙人的基本需求、资本回报要求（通常满足了年长的合伙人的利益）、特别贡献回报、合伙人之间的公平诉求。其次，该薪酬设计中体现了劳动与资本同等重要的理念，具体表现为工资总额与按权益分配的金额相等。再次，按权益分配部分采用了按权益点数进行分配的方法，权益点的获得兼顾了合伙人的资金投入和工作业绩两方面，从而有助于实现合伙人的长期激励，降低代理成本。由于部分权益点来自于以往年度和当年的工作业绩，因此实际上该事务所按业绩分配的利润比按资历分配的利润更高。最后，具体在业绩评价方面，管理合伙人既利用了自己在合伙人会议上的主观观察结果，也采用了责任履行情况说明和年度评价等客观标准，程序和评价结果较为公平。

除了上述类型的分层之外，事务所还可以根据自己的目标来设计其他方式的分层。例如，某事务所的分层分配制度如下：首先，40%的利润在五个合伙人之间按照预先确定的百分比（35%、20%、20%、15%、10%）分配。其次，25%的利润按照每位合伙人开发的客户收入占事务所总收入的比例进行分配。再次，20%的利润按照每位合伙人的资历进行分配。最后，10%的利润分配给当年的一些异常因素或特别贡献。剩余的5%利润，留作合伙人未来退休以及回购病退的合伙人权益的储备资金。还有一个事务所的分层结构如下：首先，开发客户的合伙人取得实际收到客户收入的10%。其次，管理合伙人由于管理业务收到总收入的4%。最后，在扣除这两项支出以及其他费用后，剩下的利润再按照权益点数的方法分配（Martin，2007）。

6 会计师事务所合并的案例研究

6.1 国内会计师事务所合并的案例分析

本章基于合并方与被合并方两个角度，对会计师事务所合并成功案例和合并终止案例进行详细分析，其中包括浙江天健事务所的系列合并案例，大华与浙江万邦的合并案例，A与B事务所合并后又分开的案例等。

6.1.1 天健会计事务所的合并案例

1）基本情况

天健会计师事务所先后经历了多次合并历程，由浙江天健会计师事务所、浙江东方会计师事务所以及开元信德会计师事务所相继合并而成。早在2005年国内第二次合并浪潮中，德勤与天健系的两大主力（北京天健和深圳天健）进行了合并。作为天健系的另一大事务所浙江天健也成了德勤进军国内审计市场的筹码，但浙江天健拒绝了德勤的合并。伴随着第三次的事务所合并浪潮，浙江天健与浙江东方于2008年12月宣布合并，更名为浙江天健东方会计师事务所（简称浙江天健东方），合并前两家事务所均地处浙江省，凭借浙江得天独厚的经济发展优势，在浙江省内的审计市场占据较高的市场份额，合并后在浙江更是占据绝对优势。2009年9月，浙江天健东方与开元信德在北京签署合并协议，合并后更名为天健会计师事务所（以下简称“天健”）。

开元信德由湖南开元（1985 年成立）、深圳天健信德（1992 年成立）、湖南天兴三家事务所于 2007 年 10 月合并组建而成，是一家已有 20 多年历史的大型会计师事务所，具有证券审计、证券评估、国有大型企业审计、金融业务审计、税务咨询、工程造价、土地评估等执业资格。开元信德聚合了三家事务所的人力资源和客户资源，在湖南和广东等地占有的审计市场份额较高。图 6-1 是天健会计师事务所的合并历程。

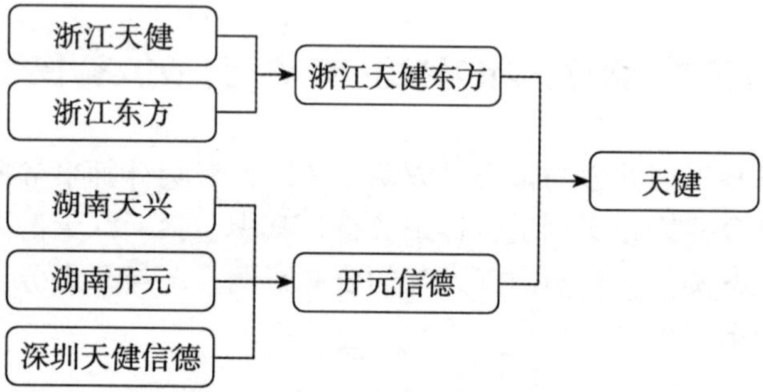

图 6-1　天健会计师事务所合并历程

本书选择 2009 年浙江天健东方与开元信德的合并案例进行分析，因为这是不同规模、跨区域范围的合并案例，对会计师事务所合并整合领域更具有研究价值。

2）天健会计师事务所的合并动机

2009 年 9 月，浙江天健东方与开元信德在北京签署合并协议。从合并动机来看，合并后的天健扩大了事务所规模，实现共享执业标准、客户资源与人力资源，消除了审计市场进入壁垒，顺利进入湖南、广东等地的审计市场，可以说这是政府管制力量、审计市场的需要与内生性发展需要共同推动的结果。浙江天健东方在浙江区域范围内的审计市场占绝对优势（2009 年占浙江地区上市公司客户的 59.83%），开元信德在湖南地区的审计市场占据份额也较大

(2009 年占湖南地区上市公司客户的 31.94%)。此外，两家事务所合并后使得其在国内百强事务所综合排名更加靠前，也有利于事务所的品牌建设。

3）天健会计师事务所的合并整合

天健会计师事务所合并过程中在质量控制、客户资源、人力资源、薪酬激励机制以及事务所文化等方面的整合情况关系到未来发展。本书分析事务所合并前后的整合情况变化，重点针对天健合并前后 8 年（2005—2012）的数据进行研究，借此考察事务所合并后的整合方式、整合途径和整合效果。

（1）质量控制标准整合

会计师事务所合并过程中，质量控制整合主要在于对客户群的风险定位与筛选，不同事务所原有的质量控制标准不尽一致，合并后的新事务所需要对质量控制标准进行有效整合，应重视客户群的风险防范与管理等方面，例如，事务所对原有风险较高的客户群如何处理，是继续为其提供审计服务还是直接剔除这部分客户。如果事务所直接剔除原有风险较高的客户群，那么合并各方高管如何进行协调，以及怎样与风险较高的客户进行沟通等问题都需要足够重视。本书借鉴吴溪（2006）的相关研究成果，从两方面考察事务所合并前后的质量控制特征变化与整合情况：①签字注册会计师集中度的变化。②客户群的风险组合调整（体现为对高风险客户的剔除)。

①签字注册会计师集中度。不同合并方在合并前的质量控制可能存在差异，构成了事务所合并的一项隐患。事务所的质量控制特征体现在很多方面，但大多数都无法被公开观察，吴溪（2006）认为当一家事务所的客户群过分集中于少数签字注册会计师时，可能不利于事务所有效开展审计业务的质量控制。因此，本书将注册会计师在客户审计报告中的签字集中度作为反映事务所合并后审计业务的质量控制整合特征的一个可观察变量。

表 6-1、表 6-2 和表 6-3 详细列示了第一类指标的计算方式。

以浙江天健东方为例（见表6-1），2009年度，浙江天健东方的上市公司客户有158家，出现的签字注册会计师有100人，出现的签字注册会计师组合方式共92种，于是该年度的平均每位签字注册会计师的签字份数为1.580份，平均每种签字组合对应的客户数为1.717个；浙江天健东方的其他年份以及开元信德各年份的指标依此类推。

表6-1　注册会计师的签字集中度：平均指标比较（浙江天健东方）

年份	上市公司客户数（个）	签字注册会计师人数（个）	平均每位签字注册会计师签字份数（份）	签字注册会计师之间的组合方式数（种）	平均每种签字组合对应的客户数（个）
2005	63	54	1.167	47	1.340
2006	85	66	1.288	61	1.393
2007	121	62	1.952	76	1.592
2008	149	82	1.817	87	1.713
2009	158	98	1.612	91	1.736
2010	163	118	1.381	120	1.358
2011	172	129	1.333	130	1.323
2012	212	172	1.233	164	1.293

从表6-3中可以看出，无论是在合并之前（2005—2008）还是在合并之后（2009—2012），浙江天健东方会计师事务所平均每位注册会计师签字份数和平均每种签字组合对应客户数均显著高于开元信德。将事务所合并前（2005—2008）与合并后（2009—2012）相比较，浙江天健东方的签字注册会计师平均签字份数有所下降，由1.556份下降到1.510份，平均每种签字组合对应客户数有所上升，由1.390个上升到1.428个。而开元信德的签字注册会计师平均签字份数和平均每种签字组合对应的客户数均有所上升，

表6-2　注册会计师的签字集中度：平均指标比较（开元信德）

年份	上市公司客户数（个）	签字注册会计师人数（个）	平均每位签字注册会计师签字份数（份）	签字注册会计师之间的组合方式数（种）	平均每种签字组合对应的客户数（个）
2005	26	28	0.929	24	1.083
2006	28	30	0.933	27	1.037
2007	37	37	1.000	33	1.121
2008	45	35	1.286	34	1.324
2009	46	36	1.278	37	1.243
2010	45	37	1.216	41	1.098
2011	44	40	1.100	37	1.189
2012	45	44	1.023	40	1.125

表6-3　两家事务所注册会计师签字集中度的比较分析

浙江天健东方 vs 开元信德		浙江天健东方		开元信德		t统计量
		均值	标准差	均值	标准差	
平均每位签字注册会计师签字份数	合并前（2005—2008）	1.556	0.386	1.037	0.169	2.460**
	合并后（2009—2012）	1.390	0.161	1.154	0.115	2.389*
平均每种签字组合对应的客户数	合并前（2005—2008）	1.510	0.173	1.141	0.126	3.435**
	合并后（2009—2012）	1.428	0.207	1.164	0.065	2.426*

注：**、*分别表示在5%、10%的水平下显著，双尾检验。

分别由 1. 037 份和 1. 154 个上升到 1. 141 份和 1. 164 个。从两家事务所原有的质量控制情况来看，浙江天健东方选择开元信德作为合并对象较为合适，因为两家事务所审计业务的质量控制水平较为接近，与吴溪（2006）研究的中天勤合并案例相比，天健会计师事务所合并的质量控制整合较好。天健会计师事务所合并没有发生明显差异，两家事务所的质量控制差异正逐步缩小，这有利于事务所今后的发展。

本书反映注册会计师签字集中度的第二类指标是：签字份数最多的注册会计师所对应的签字份数。在其他条件相同的情况下，每位注册会计师同期签署上市公司审计报告的份数越多，则其平均投入每家上市公司的审计资源就越少，审计风险也就越大。因此，该指标相当于考察不同事务所内部集中了最大审计风险的注册会计师的审计风险水平差异。

表 6–4 统计了浙江天健东方与开元信德签字份数最多的注册会计师所对应的签字份数。以 2009 年度为例，根据表 6–4，浙江天健东方在该年度签字份数占第一、第二以及第三的注册会计师分别为 16 份、13 份和 11 份审计报告，而开元信德的相应指标分别为 7 份、7 份和 6 份。

表 6–4　　**注册会计师签字份数前三位统计表**

年份	浙江天健东方			开元信德		
	TOP_1	TOP_2	TOP_3	TOP_1	TOP_2	TOP_3
2005	9	8	6	7	4	3
2006	12	11	11	7	4	4
2007	17	15	11	8	7	6
2008	16	14	12	9	7	7
2009	16	13	11	7	7	6
2010	16	10	9	5	5	3
2011	12	11	10	8	7	6
2012	15	11	9	6	5	5

表6-5是两家事务所注册会计师签字份数前三位的比较分析。在天健合并之前的2005—2008年，浙江天健东方签字份数占第一、第二以及第三的注册会计师平均签署的审计报告份数13.5份、12份以及10份，均在5%水平上显著高于开元信德对应的指标(7.75份、5.5份和5份)。对比天健事务所合并前后，以及两家事务所签字注册会计师的风险集中度，事务所合并前后的注册会计师的风险集中度并未有明显的差异，浙江天健东方承担最大审计风险的几名签字注册会计师的风险集中度明显高于开元信德的签字注册会计师。

表6-5 两家事务所注册会计师签字份数前三位的比较分析

浙江天健东方 vs. 开元信德		浙江天健东方		开元信德		t统计量
		均值	标准差	均值	标准差	
合并前	TOP_1 (2005—2008)	13.500	3.697	7.750	0.957	3.011**
	TOP_2 (2005—2008)	12.000	3.162	5.500	3.162	3.606**
	TOP_3 (2005—2008)	10.000	2.708	5.000	1.826	3.062**
合并后	TOP_1 (2009—2012)	14.750	1.893	6.500	1.291	7.201***
	TOP_2 (2009—2012)	11.250	1.258	6.000	1.155	6.148***
	TOP_3 (2009—2012)	9.750	0.957	5.000	1.414	5.563***

注：***、**分别表示在1%、5%的水平下显著。TOP1、TOP2、TOP3分别表示注册会计师的签字份数占第1位、第2位、第3位。

②客户筛选。会计师事务所合并过程中的质量控制整合措施还

可能体现在对高风险客户的筛选上。例如，安永与大华在合并后的第一年度便与 11 家上市公司客户（约占合并前客户群数量的 24%）终止了年报审计业务关系，且终止业务关系的客户平均业绩显著低于继续保持审计业务关系的客户群。与之相比，浙江天健东方与开元信德合并后的第 1 年并没有出现明显的客户群筛除迹象。2009 年度开元信德有上市公司客户 42 家，浙江天健东方有上市公司客户 162 家，原由开元信德审计的上市公司客户 3 家在事务所合并后选择了其他事务所进行审计，具体见表 6–6、表 6–7。

表 6–6　**事务所合并后客户流失情况**

年度	2009	2010	2011	2012	总数
浙江天健东方（所占比例）	0（0）	1（25%）	2（50%）	1（33.3%）	4（28.6%）
开元信德（所占比例）	3（100%）	3（75%）	2（50%）	2（66.7%）	10（71.4%）
总数	3	4	4	3	14

表 6–7　**事务所客户流失数占客户总数的比例情况**

年度	2009		2010		2011		2012	
	流失	比例	流失	比例	流失	比例	流失	比例
浙江天健东方	0	0	1	0.61%	2	1.16%	1	0.47%
开元信德	3	6.52%	3	6.67%	2	4.55%	2	4.44%

那么，高风险客户是否会因为合并后事务所质量控制标准和风险管理水平的提高、进行客户风险管理而发生变更呢？通常，大型事务所合并后倾向于规避风险水平过高的客户，以免因审计失败导致的诉讼损失与声誉受损。客户流失可能因为合并后事务所需要进行客户筛选，对风险过高的客户进行剔除。本书采用非标准审计意见、是否亏损、总资产净利率等指标作为评估事务所客户的风险水

平。具体变量定义如下：

Opinion：审计意见的虚拟变量，非标准审计意见取1，标准无保留意见取0。

Loss：亏损公司的虚拟变量，亏损取1，其他取0。

Roa：总资产净利率。

我们分别对2009—2012年变更客户与非变更客户的审计意见类型（Opinion）、亏损（Loss）、总资产净利率（Roa）进行独立样本T检验，分析客户变更到其他事务所以及不发生变更的客户的风险情况，见表6-8。

表6-8 **客户风险的独立T检验**

变量	检验项目	变更	未变更
Opinion	平均值	0.310	0.010
	标准差	0.480	0.102
	T检验	6.763***	
Loss	平均值	0.460	0.080
	标准差	0.519	0.270
	T检验	4.599***	
Roa	平均值	-0.177	0.090
	标准差	0.119	0.010
	T检验	-3.703***	
样本量		14	191

注：***表示在1%的水平下显著，双尾检验。

从表6-8可以看出，变更审计师的客户的Opinion和Loss在1%的水平上显著高于未变更审计师的客户，即在收到非标准审计意见或是发生亏损的情况下，客户大多会变更事务所，而不是继续由合并后的事务所审计，这与本书所探讨的结论一致。此外，变更审计师客户的Roa（平均值=-0.177）总体上比未变更审计师客户低，且差异在1%的水平上是显著的。总体表明，变更审计师的上市公司客户群质量比未变更审计师的客户群更差，潜藏着更高的重大错报风险。合并后事务所扩大了规模、需要提高品牌声誉，将会采用更高的质量控制标准与风险管理水平，需要对客户资源进行重新组合（Shu，2000；Johnstone 和 Bedard，2004），剔除高风险的客户群，选择优质的客户群。

（2）客户资源整合

事务所合并过程中的客户资源整合旨在减少代理成本、提高审计效率，需要进行客户审计团队优化。客户审计团队优化，可以从成本与效率两个方面进行考虑：一是降低成本而进行客户审计团队优化，侧重于区分客户群的地域分布。合并各方处于不同区域，且被合并方（合并方）在合并方（被合并方）区域范围内拥有客户群，事务所合并后为了降低审计成本，被合并方（合并方）客户可能转由地域更较近的合并方（被合并方）的注册会计师进行审计。二是提高效率而进行客户审计团队优化，侧重于区分事务所的行业专长。事务所的客户群分布在不同行业领域中，且合并各方拥有不同的行业专长，事务所合并后为了提高审计效率，被合并方（合并方）的客户转由更具行业专长的合并方（被合并方）的注册会计师进行审计。因此，本书从两个角度考察事务所合并前后的客户资源整合情况：①基于降低成本角度而进行客户审计团队优化。②基于提高效率而进行客户审计团队优化。③注册会计师交叉签字。

①通过降低成本来进行客户审计团队优化。笔者通过对天健会计师事务所合并前后的上市公司客户群数增长率和签字注册会计师人数增长率进行统计分析，发现两者的增长率均出现了较大变动，如图6-2所示。

从图6-2可以看出，2006年上市公司客户数和签字注册会计师人数的增长率分别为26.97%和17.07%。2007年上市公司客户数和签字注册会计师人数的增长率分别为39.82%和3.13%，出现

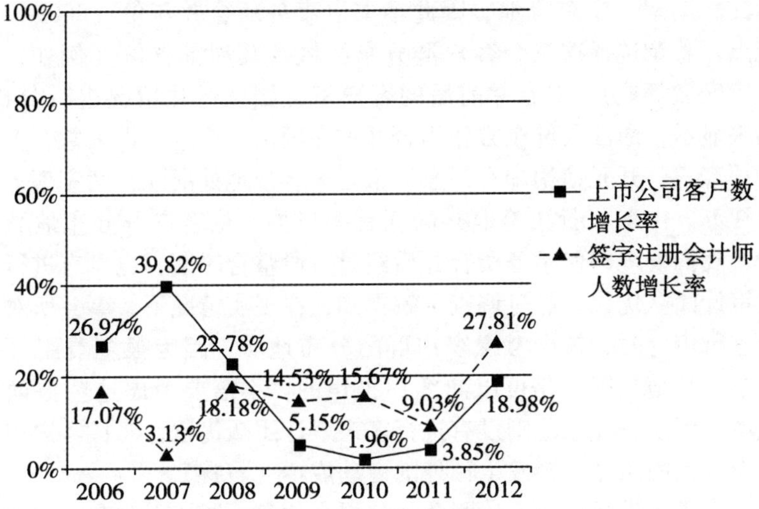

图 6-2 上市公司客户数与签字注册会计师人数的增长率

较大变动。从合并各方来看，浙江东方与中汇分立，湖南开元与湖南天兴、深圳天健信德等合并事项会造成人员变动。2008 年上市公司客户数的增长率出现回落，而签字注册会计师人数增长率为 18.18%，呈上升趋势。2009—2011 年上市公司客户数和签字注册会计师人数的增长比较稳定，2012 年上市公司客户数和签字注册会计师人数迅速上升，其原因是原京都天华与原天健正信于 2012 年 6 月合并成新的事务所（致同）时，造成部分四川、重庆、陕西、贵州、广东地区的客户流失，客户出现“换所不换师”的现象，与注册会计师共进退，加入天健会计师事务所。自此，天健会计师事务所开拓了我国中西部地区的审计市场，在东部、中部、西部等地区均有客户群分布，客户资源整合可能会出现为了降低成本而进行客户审计团队优化。

事务所合并后并不能立即进行客户审计团队优化，需要与客户进行沟通，注册会计师之间需要移交相关信息，客户审计团队优化需要经过一段过渡时期方能实现。天健合并后的客户群主要集中在浙江、湖南、广东等地，因此本书以事务所合并年份（2009）为节点，着重选择这三个客户群分布区域及其周围省份（例如，江西、安徽等地），对合并前后的客户审计团队优化情况进行分析。结果显示，浙江天健东方作为合并方在湖南、广东一带未曾有上市公司客户，开元信德却有一家上市公司客户地处浙江，两家事务所在江苏、山东、浙江等地共同拥有客户群。从客户群分布地域来看，我们发现即使事务所合并后经过一段整合时期，也没有进行客户审计团队优化。经过调查了解得知，在现实情况下，事务所对客户进行审计时，较少考虑客户群的分布地域，因为很多费用（如车票、住宿费等）是可以向客户报销的，不需要考虑这些方面的成本，致使跨地域范围没有进行客户审计团队优化，而且客户担心更换审计团队之后会发生额外的启动成本（打扰）。

②通过进行客户审计团队优化提高效率。浙江天健东方与开元信德可能具有不同的行业专长，因此可以通过客户审计团队优化提高审计效率，实现客户资源的有效整合。针对合并后事务所是否根据行业专长进行客户审计团队优化，本书通过上市公司客户在事务所合并前后的签字注册会计师变动情况加以判断。分析结果显示，上市公司客户的签字注册会计师没有调整为合并前的另一家事务所，依然由各自事务所的签字注册会计师进行审计，这意味着事务所合并后并未基于行业专长而进行客户审计团队优化。

客户审计团队优化不仅能够促进合并各方之间进行沟通与交流，也有利于降低审计成本、提高审计效率。对于整个事务所来说，应该逐步重视事务所总部与分所，分所与分所之间的相互协调，消除相互之间的沟通障碍。事务所内部之间的有效协调，不仅可以减少客户不必要的费用，而且事务所还能够提高审计效率，有助于事务所的海外发展。例如，在与国际事务所进行合作时，更能够凸显出国内事务所的协调性、灵活性，这对我国本土会计师事务所国际化发展具有重要的推动作用。

③注册会计师交叉签字。交叉签字是指对于某个客户在合并后

改由合并双方的注册会计师共同参与审计项目签字并出具审计报告。本书通过对注册会计师在审计报告的签字情况进行观察，尽管经过一段合并整合时期，两家事务所依然是各自为原有客户群提供审计服务，并未发现注册会计师交叉签字等情况。

（3）人力资源整合

人力资源整合重在营造和谐的工作氛围，吸引并留住人才，以及制定有效的薪酬激励机制等方面。由于此次两家事务所是进行跨区域范围合并，针对合并后事务所是否制定统一的培训计划、调整薪酬激励机制，本书主要结合实地访谈，从事务所相关制度出台方面进行分析。调查显示，天健合并后能够有效制订人力资源整合计划，并结合部门特征制定有效的薪酬制度。考虑到注册会计师交叉签字也是人力资源整合的关键部分，两家事务所并未进行注册会计师交叉签字，这可能是由于事务所总部与分所处于不同的地区，难以进行密切配合等原因造成的。值得注意的是，在实际情况下，可能存在总部或分所参加其他成员所审计项目的情况，但并未参与注册会计师签字，从某种程度上来看，这对事务所人力资源整合也有一定的促进作用。

笔者认为天健合并后应逐步建立起完整的内部信息系统，让地处不同区域的项目合伙人或一般审计人员能够通过事务所内部信息系统进行沟通，包括可视对话、发送文件信息等服务内容，而不是简单通过电话、网络等方式进行交流。事务所内部信息系统能够记录员工的交流信息和外勤工作时间，可以作为绩效评价的依据。此外，事务所可以针对员工职位、晋升等具体内容进行适当调整，充分调动员工的积极性。

（4）薪酬激励机制整合

当前，由于我国区域经济发展的不平衡，各个地区在消费水平、居民收入等方面存在差异，天健总部与分所、分所与分所之间的薪酬结构和水平也并非完全一致。在薪酬激励方面存在差异的情况下，调查得知，天健会根据合并各方的薪酬结构和水平予以调整，力争做到同工同酬，这不仅能够给事务所总部与分所员工之间创造公平、公正的薪酬激励机制，还能在一定程度上吸引并留住关键人才。

（5）事务所文化整合

在天健会计师事务所的合并中，地处不同区域的各方事务所文化上存在差异，给事务所合并造成了一定影响。相对于从事不同业务的合伙人或普通员工而言，从事相同业务的合伙人或普通员工之间在事务所文化融合方面达成共识就要容易得多。如果能够在事务所合并前对文化差异做充分的调查，在合并后对文化融合做出必要的安排，则更加有利于合并后建立新的事务所文化。作为天健会计师事务所首席合伙人，胡少先（2013）结合时代要求，根据天健的实际情况，提出了天健文化建设纲要，如图 6-3 所示[①]。

中华一流、世界著名的愿景——（天）目标，仰望天空

专业报国、服务社会的宗旨 心里
立足本土、面向国际的视野 眼里
规范执业、稳健经营的理念 脑里
一业为主、多元发展的战略 手里
（以上）务虚，宏观

质量导向、信誉至上的方针
诚信客观、公正独立的原则
（以上）市场客户

以人为本、和谐团结的风尚
专注专业、崇尚学习的氛围
（以上）人才队伍

（市场客户、人才队伍）务实，微观

自强不息、厚德载物的精神——（地）总括，脚踏实地

图 6-3　天健会计师事务所文化建设纲要

从图 6-3 可以看出，天健文化建设纲要概括了事务所的愿景（“中华一流、世界著名”）和核心价值理念（“自强不息、厚德载物”）。天健文化是一个有机整体，首先是需要制定事务所目标，明确发展方向。其次是务实与务虚，务实是建立事务所的核心资源，即客户与人才，需要重视市场客户与人才队伍建设；务虚是指

① 胡少先．论天健文化建设［J］．会计之友，2013（3）上：4-9.

应该领会事务所的文化理念、发展战略。最后就是要求事务所脚踏实地，厚德载物。天健文化建设纲要中包括质量控制、客户资源、人力资源等重要内容，从中可以看出事务所文化贯穿整合内容的各个方面。天健合并后若能把文化建设付诸实践，进行实质性整合，未来的国际化发展脚步也将加快。

总体来说，天健会计师事务所的合并整合较为成功。自 2009 年浙江天健东方与开元信德合并以来，事务所在国内事务所的知名度迅速提升，2012 年度在百强事务所排名中位列国内事务所第 4 名。图 6-4 是天健会计师事务所业务收入趋势图。

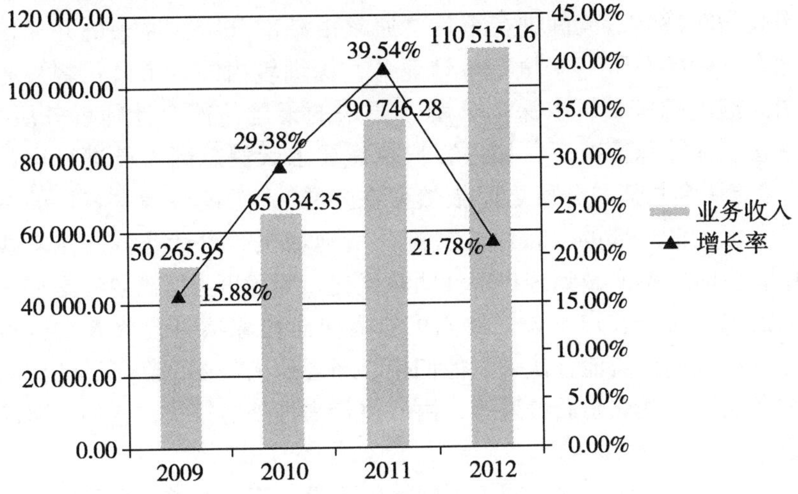

图 6-4　天健会计师事务所业务收入趋势图

从图 6-4 可知，合并后天健的业务收入逐年递增，由 2009 年度的 50 265. 95 万元增长到 2012 年度的 110 515. 16 万元。2009—2011 年度的营业收入增长率呈上升趋势，2012 年度的增长率有所回落，主要是由于 IPO 暂停因素所造成的。

4）天健实地访谈内容概述

通过实地访谈，我们了解到天健会计师事务所合并整合的相关情况。针对承接业务，事务所制定了较为详细的流程和严格的质量控制标准。例如，湖北省的上市公司客户由A业务部负责（包括承接业务、与客户洽谈等方面），此时其他业务部就不能参与，更不能以低价来赢得客户资源，除非客户特别指明要求某业务部来执行审计业务。制定这样严格的业务承接流程和质量控制，一方面是为了避免事务所内部各业务部之间的相互竞争，也是为了更好地保证审计质量，防止以较低的审计收费吸引客户，而减少执行必要的审计程序，导致存在较高的审计风险。

在承接业务方面，事务所采用属地原则。例如，湖南境内的上市公司客户聘请天健进行审计，通常由湖南分所（原来的开元信德会计师事务所）来执行审计业务，深圳境内的上市公司客户聘请天健进行审计，由深圳分所（原来的天健信德会计师事务所）承接。在特殊情况下，如果客户执意要求天健总部人员进行审计（可能认为总部与分所之间依然存在差异），天健会考虑客户的要求，派天健总部的项目组成员到分所地域执行审计业务。在实践中，有时并不能做到客户审计团队优化，因为事务所需要考虑客户的需求。对于客户来说，他们可能更愿意由原项目合伙人进行审计，如果换作其他合伙人，他们担心新合伙人需要重新了解他们的财务状况、建立沟通渠道等，由此将带来额外的打扰，增加了启动成本（start-up costs）①。

针对合并各方存在同工不同酬的现象，事务所通常会采用就高原则。在相同业务类型情况下，选择薪酬水平较高方作为参考依据，逐步调整并缩小合并各方的薪酬差距。对于有些不需要采用较高薪酬水平给予激励的业务，会考虑适当减少相应的薪酬水平。总体来说，大部分员工的薪酬福利在事务所合并后得到了提升。

文化建设是事务所建设的重要内容，不仅关系到事务所的品牌

① DEANGELO L E. Auditor size and audit quality [J]. Journal of Accounting and Economics, 1981, 6 (3): 183-199.

建设，也影响着核心价值理念的建立。跨区域合并，事务所不可避免地要面对文化的冲突，以及合并各方的员工在文化理念和价值取向等方面的影响。如何融合这些不同文化，建立新的事务所文化，成为跨区域合并的一个重要课题。浙江天健东方与开元信德虽是跨区域合并，但双方在利益分配与事务所文化等方面较为相近，能够较好地进行文化融合。"自强不息、厚德载物"清晰地展示了事务所不变的执业理念，这对事务所的质量控制和人力资源等方面起到了重要作用。

天健会计师事务所的合并案例无疑是国内事务所合并成功的典型案例，事务所依靠独特的地区经济优势，在监管部门的推动下，对我国本土会计师事务所建立自主品牌来说起到了巨大的推动作用。

6.1.2 大华与浙江万邦的合并案例

1）基本情况

大华会计师事务所（以下简称大华）是我国首批获准从事H股上市审计资质的事务所，是经美国公众公司会计监督委员会(PCAOB)[①] 认可的具有美国上市公司审计业务执业资格的事务所，是财政部大型会计师事务所集团化发展试点事务所，2012年业务收入超过10亿元人民币，在我国注册会计师行业排名中居前十位。大华的常年审计客户有2 000余家，业务范围包括：审计鉴证、管理咨询、资产评估、工程咨询、税务服务等，服务对象主要为上市公司、大型国有企业、金融保险企业、外商投资企业等。大华总部设在北京，在深圳、上海、杭州、广州等国内重要经济区域的中心城市设立了分支机构，并在中国香港、新加坡等国家和地区设有多家分支机构。

---

① PCAOB：美国公众公司会计监督委员会（Public Company Accounting Oversight Board），是会计行业的自律性组织，它由PCAOB不同会员事务所的会计师组成，这些会计师要为PCAOB中的其他会员事务所进行年检。

大华会计师事务所浙江（万邦）分所（以下简称“大华浙江分所”），是原浙江省审计事务所改制设立的浙江万邦会计师事务所（简称“浙江万邦”）加盟大华会计师事务所后，成为其在浙江设立的分支机构，从业人员450余人，其中注册会计师110余人。分所制定有较完善的规章制度，具有较规范的内部管理。2010年度业务收入1.33亿元，从业人数和业务收入均名列浙江省同行业前茅。

2）事务所合并动机

在国内审计市场，浙江地区凭借其独特的经济优势，聚集众多的中小型上市公司，一直是各家大型事务所的必争之地。如果能够顺利进入浙江地区的审计市场，对事务所今后的发展具有巨大的推动作用。虽然浙江万邦不能与天健、中汇等拥有众多上市公司客户的大所相比，但从之前的中审亚太到现在的大华不断地与其进行合并就可以看出，事务所拥有中小企业以及企事业单位的审计业务等也能够吸引众多大型事务所与其合并。作为合并方的大华，将浙江万邦吸收成为浙江分所，大华能够顺利进入浙江区域的审计市场，可以凭借其优质的审计服务、较好的品牌形象在浙江承接客户，更能吸引优秀人才的加入，从而增加审计市场份额，提升事务所的综合实力。

作为被合并方的浙江万邦，曾于2009年成为中审亚太会计师事务所浙江分所，之后又分立出来，2011年11月成为大华会计师事务所浙江分所。根据中审亚太与大华的行业排名可知，大华（立信大华）、中审亚太在2009年度百强所中排名分别为11名、14名，2010年度百强所中排名分别为11名、13名，因此我们推断，浙江万邦最主要的目的就是为了寻找更大型的事务所进行合并，以此来提升事务所在行业内的知名度和品牌形象。

3）事务所合并整合

质量控制方面。大华浙江分所自身认为合并后强化了执业质量控制，制订了各类业务执业规程和质量控制管理办法，并通过信息管理系统和书面方式传达至全体人员。对业务项目实行事前风险评估制度，规定客户有不当要求等3类项目时不得承接；实行项目负责人、部门主任、项目质量控制复核专员、报告签发人四级复核制度；通过定期检查、责任追究等强制措施，将廉洁执业、服务质量与员工的职级和报酬挂钩，以保证执业质量。

客户资源整合方面。2011—2012年度，大华在浙江地区一直有4家上市公司客户。通过分析上市公司客户的签字注册会计师，发现大华原来在浙江拥有的上市公司客户群并未让浙江分所的注册会计师签字执行审计业务，而是依然由合并前的签字注册会计师签字并出具审计报告。此外，通过调查发现，大华浙江分所拥有多家IPO项目，承接部分政府机关和企事业单位的审计业务，但并未移交给其他分所或总部的注册会计师。

人力资源整合方面。事务所合并后制定了员工的行为规范、薪酬考核和职级管理制度。然而我们也发现，大华与浙江万邦在2011年合并设立大华浙江分所后，浙江分所出现了人员流失现象，见表6-9。

表6-9　**大华会计师事务所浙江（万邦）分所综合评价信息**

年度	综合评价得分名次	业务收入指标		注册会计师人数指标		综合评价质量指标得分
		金额（万元）	得分	人数	得分	
2012	3	19 760.69	158.36	124	20.03	52.38
2011	3	17 370.16	160.40	137	24.64	52.05

资料来源：江省注册会计师协会.2011—2012年度浙江省会计师事务所综合评价前50家信息［EB/OL］.（2012-08-27）.http：//page.renren.com/601219139/note/867919161.

从表6-9可以看出，从2011到2012年，大华浙江分所的注册会计师人数由137降到124，降幅为9.49%。相比其他浙江省内的事务所来说，注册会计师人数有所减少。在一定程度上，事务所合并后在对人力资源进行有效整合（特别是留住关键人才）上有所欠缺。

薪酬激励机制整合方面。跨区域合并在利益分配方面往往存在较大差异。从制定的薪酬制度等方面可以看出，大华与浙江万邦合并后在内部薪酬水平和结构方面进行了一定的调整。尽管如此，大华浙江分所与大华总部的员工在薪酬福利方面存在差异，可能是因为不同地域的消费水平、审计收费差异造成的。

事务所文化整合方面。大华坚持“以人为本、精益求精”的执业理念，构建“规范、协调、高效”的一体化管理机制，以维护公众利益为目标，建立有效的内部管理制度体系，全面提升员工的执业水平，着力打造社会信赖、管理规范、服务一流的品牌事务所，为社会提供优质、高效的专业服务。浙江万邦倡导“努力超越，追求卓越”的拼搏精神，推崇“感恩、勤勉、专业、卓越”的企业价值观，秉承团队化、专业化的服务理念。从两家事务所文化来看，并不存在冲突，这为员工提供了一个积极向上、舒适的工作环境。此外，文化整合也体现在合伙人的执业理念、核心价值观等方面。自浙江万邦与中审亚太的分立之后，浙江万邦重新寻找合作伙伴时，也更加侧重于合伙人的执业理念、事务所文化等方面。

4）合并的启示

事务所合并最为关键的就是寻找到合适的合并对象，以此来提升事务所在行业内的知名度和品牌形象。如果在合并前未能进行深入的尽职调查，合并后往往会出现一系列问题，难以弥补。因此，笔者认为事务所合并过程中，特别是对于那些曾经出现过分立的事务所，在重新寻找合并伙伴时，需要总结经验，整合过程中也有所侧重，避免类似的问题再次出现，这对事务所今后的发展起到至关重要的作用。

6.1.3 A与B事务所合并终止案例

在合并过程中，也不乏合并后又终止或是合并过程中出现分立的案例。表6-10是2007年来我国本土会计师事务所的部分分立案例。部分事务所在两年内就进行了多次合并，事务所合并速度之快令人惊叹。合并是否真正实现做大做强，合并后能否进行实质性整合等问题引起社会各界的广泛关注。

表6-10　**我国本土会计师事务所部分分立案例**

原事务所	分立出的事务所	分立时间	说明
浙江东方中汇	浙江东方、浙江中汇	2007	分立后浙江东方与浙江天健合并
中和正信	部分中和正信	2009	分立后加入信永中和
广州东方	部分广州东方	2009	分立后加入到中磊
上海宏大东亚	部分上海宏大东亚	2009	分立后加入到中磊
湖南里程	部分湖南里程	2009	分立后加入到中磊
天津中审联	部分天津中审联	2009	分立后加入到中磊
华普天健高商	北京高商万达	2009	分立后独自经营
中审亚太	中审亚太浙江分所	2011	分立后加入大华
天健正信	天健正信的部分分所	2011	分立后加入到立信大华，后更名为大华
天健正信	天健正信的部分分所	2012	分立后加入到天健
深圳鹏城	深圳鹏程整体分立	2012	分立后分别加入国富浩华、大华、上海众华沪银、天健、中汇等
利安达	利安达总部及部分分所	2013	分立后加入国富浩华、中瑞岳华
中磊	中磊江西分所和厦门分所	2013	分立后加入大信
中磊	中磊河北分所	2013	分立后加入利安达

本书以A、B两家事务所合并后又分开的案例为例，来从反面

分析合并决策问题。

1）基本情况

本书用A、B分别表示合并前的两家事务所，这两家事务所处于同一地区。A原来是挂靠在市财政局下的一家事务所，集审计、资产评估、工程咨询于一体，其专业胜任能力与执业水准得到了主管部门、行业、客户等社会各界的充分肯定。B原来是挂靠在市国税局下的一家事务所，从事税务鉴证、税务服务资格的专业服务机构，在所在区域范围内拥有一定的客户群。A事务所侧重于审计业务，在税务方面不具优势。相反，B事务所在税务服务方面独具优势，在审计鉴证、管理咨询等方面不具有竞争优势，在承接上市公司审计项目上并不理想。

2）事务所合并动机

自两家事务所完成脱钩改制以来，双方都需要通过寻求新的合作伙伴得以持续发展，A、B两家事务所于2004年选择了合并，双方最初的合并动机就是为了优势互补，资源共享。两家事务所在审计业务和税务业务上各占优势，合并后在审计业务、税务服务、管理咨询等方面的核心竞争力立即突显，在区域范围内具有一定影响力，继而承接了不少上市公司客户。2004—2007年，A事务所的上市公司客户数量分别为2、5、5、7家，B事务所在2006年有1家上市公司客户。对于A事务所来说，事务所规模相对较大，但其业务主要限于审计鉴证方面，难以承接税务方面的业务，业务范围较小，难以形成一定规模。A事务所与B事务所进行合并，有利于业务多元化，能够吸引更多的客户，并提升事务所的品牌形象。B事务所与A事务所合并，主要也是为了自身能够承接IPO审计和上市公司审计业务，实现业务多元化。

3）事务所合并整合

A、B两家事务所的原挂靠单位、业务类型不同，致使各自管理层的管理理念、执业标准以及文化存在固有差异。A事务所主要从事审计业务，由于受到职业特征的影响，合伙人和普通员工在执行业务方面比较谨慎，质量控制要求相对较高。B 事务所则更加侧重于人际关系方面。由于两家事务所在合并前未能有效深入地分析和认识合并的风险，对合并后的利益分配机制方面可能存在的协调难度估计不足，之后又不能进行实质性整合，导致 A、B 两家事务所合并后在管理理念、执业标准、薪酬体系以及文化等各个方面存在的分歧更加严重，引起合并双方合伙人和普通员工的不满情绪。而这种不满主要体现在合并双方的管理和执业方面。例如，A 事务所合伙人可能会认为 B 事务所管理层不能在审计业务方面对其提出质疑，因为他们在审计业务方面显得更为专业。同样，B 事务所管理层的处事方式不同于 A 事务所，对 A 事务所合伙人和普通员工的管理比较困难。此外，B 事务所更侧重于人际关系方面，在开拓市场方面占据优势。而 A 事务所由于更加侧重于业务方面，导致合并双方在薪酬分配方面也存在矛盾，这些因素叠加起来，最终导致两家事务所于 2007 年走向分立。

4）合并的启示

结合实地访谈，笔者认为 A、B 两家事务所最终走向分立主要是因为合并双方的执业理念、执业方式等方面不能得以有效融合，这种融合并不在于合并各方的合伙人和普通员工是否认识、熟悉等外在表现，而在于合并双方的合伙人和普通员工是否能够得到互相认可，这是最为关键的。这种相互之间的认可需要慢慢融合，不能操之过急，采用相互包容的管理方式或许是较好的解决方法。

事务所合并扩张，尤其是业务多元化发展过程中将会面临新的挑战。围绕不同业务类型而形成的制度和文化理念，可能会在业务流程、执业标准和利润水平等方面存在固有差异。如果业务多元化是通过事务所合并来实现的，那么即使是充分的谈判与沟通也可能无法弥补这种差异。即使多元化是内生性发展的，各类业务形成的制度和文化也会存在差异。只不过以合并的方式实现业务多元化，面临的制度与文化冲突会更为直接（葛徐，2012）[①]。此外，也有分析人士认为，A、B 事务所规模和影响力相当，没有拉开差距，没有形成相对权威，这可能也会导致整合工作更加困难。

A、B 两家事务所合并终止的案例，让我们联想到安达信失败给我们带来的深刻反思。从 20 世纪 60 年代起，安达信就一直通过内生性发展来扩大咨询业务，直到咨询业务被分拆，形成埃森哲公司为止。安达信自行发展咨询业务，在很长一段时间内被视为事务所业务多元化发展模式的典范。然而，安达信在业务多元化的发展过程中，出现了执业标准和文化等方面的差异，激发了合伙人之间的冲突，致使审计业务的专业与道德底线被突破，最后导致安达信因安然事件而倒闭。笔者认为，在通过合并发展多元化业务的过程中，针对不同类型的业务部门采用包容的管理方式或许是相对较好的解决方法。

6.2 国际会计师事务所合并的案例分析

6.2.1 国际会计师事务所合并历程概述

国际“四大”会计师事务所的发展史就是一部合并史。在 1989 年年初，全球范围内有“八大”会计师事务所：普华（Price Waterhouse），阿瑟·安达信（Arthur Andersen），毕马威（KPMG），厄恩斯特·惠尼（Ernst and Whinney），阿瑟·扬（Arthur Young），永道（Coopers and Lybrand），德洛伊特·哈斯金斯·塞尔斯（Deloitte Haskins and Sells），塔奇·罗斯（Touche Ross）。“八大”事务所合并成“四大”事务所的历程如图 6-5 所示。

从图 6-5 可以看出，国际“四大”事务所从原来的“八大”、

① 葛徐．事务所的合并与分立［J］．中国注册会计师，2012（6）：86-89.

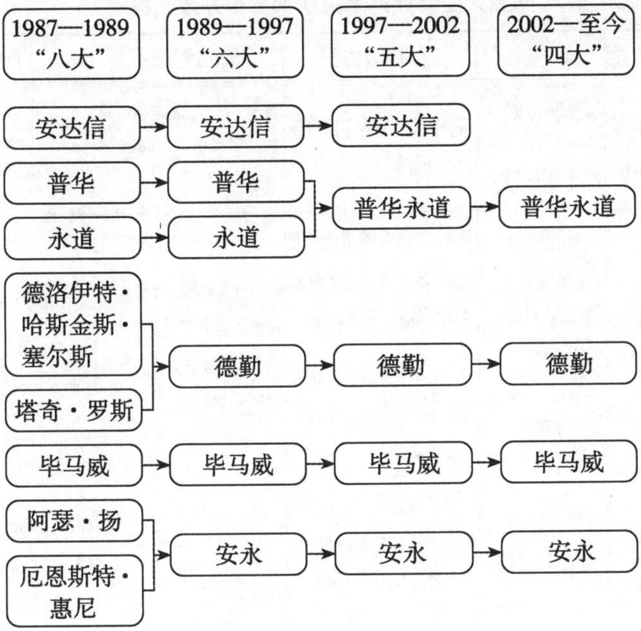

图 6-5 国际"四大"会计师事务所合并历程

再到"六大"、"五大"，最终形成现在的"四大"。通过观察"四大"事务所的合并历程，不难发现"四大"事务所能够发展到今天，很重要的一个原因就是不断地进行合并，而这种合并往往次数频繁且规模巨大。

1989 年，德洛伊特·哈斯金斯·塞尔斯（DHS）和塔奇·罗斯（Touche Ross）进行了合并，因事务所业务互补性强，双方在规模、合伙人薪酬水平等方面差异较小，合并迅速提升了事务所的竞争力和品牌知名度。在 1998 年，普华（Price Waterhouse）和永道（Coopers & Lybrand）合并为普华永道（PWC），使得新事务所成为一种不同的联盟，获取了更大的规模效益。表 6-11 是国际大型会计师事务所的部分合并成功案例。

表 6-11　　国际大型会计师事务所部分合并成功案例

事务所	合并时间	合并各方	合并前的状况	合并的预期效果	说明
普华永道	1998 年 1 月	●普华（PW）	事务所成长来自不断增长的审计需求	成为一种不同的联盟，并获得了更大的规模经济效益	全球扩张通过建立合伙关系联盟完成
		永道（CL）			
德勤	1989 年 7 月	德洛伊特·哈斯金斯·塞尔斯（DHS）	排在“八大”事务所的第 7 位，客户在证券金融方面名列前茅，声誉较好	因事务所规模、合伙人薪酬水平等方面差异较小，合并后的竞争力和品牌知名度迅速提升	1991 年，与英国排名第 9 位的 Spicer & Oppenheim 进行合并
		塔奇·罗斯（TR）	客户以零售业及制造业为主，非审计服务方面具有一定规模		
毕马威	1986 年 6 月	皮特·马威克·米歇尔（PMI）	主要市场在美国，英国、欧洲大陆市场份额较少。美国收入占总额的 68%	形成更大的规模和竞争力，优势互补、资源共享	1946—1996 年共合并了 60 家中小型事务所
		庄伯彬（KMG）	主要审计市场在欧洲，美国收入仅占总额的 23%		联合英、荷、德等国排名前十位的几家事务所
安永	1989 年 5 月	恩斯特·惠尼（EW）	因发生违规事件声誉严重受损	扩展缺乏优势的业务类型	合并成功在于两者文化渊源较为接近，均固守传统业务，以审计专家为荣，忠诚守信
		阿瑟·扬（AY）	作风保守，业务增长缓慢，压力沉重	从下降趋势中解脱出来	

资料来源：李石．论会计师事务所的合并［J］．注册会计师通讯，1999（4）：1-8.

合并可以使事务所实现优势互补和扩大规模，但有些事务所因在合并前没有进行充分的前期讨论和尽职调查，之后不能进行实质性整合，最终导致合并终止。表 6-12 是部分国际大型事务所的合并终止案例。

表 6-12　　国际大型会计师事务所部分合并终止案例

合并各方	合并时间	预期的合并效果	合并终止原因分析
毕马威 & 安永	1997 年 10 月	160 亿美元的合并计划产生世界上最大规模的事务所	（1）组织体系冲突，毕马威各国事务所采取紧密联合性，安永为松散联合型 （2）成本太高，共同分享利润需要相当长时间 （3）部分合伙人进行抵制，主要因为职责分配协调不平衡 （4）合并计划设计太简单 （5）客户对合并持抵制态度，不希望选择事务所的范围过小
普华 & 安达信	1989 年 7 月	（1）50 亿美元的合并计划，实现全球最大的事务所 （2）弥补双方弱点。普华审计业务首屈一指，安达信管理咨询实力最强	（1）组织体系冲突，普华较松散，安达信则是集权体制 （2）经营文化相异。安达信积极进取，普华具备绅士气派且传统保守 （3）财务方面不协调，安达信坚持要求普华全球利润平均分享，并认为普华合伙人年均收入太低 （4）合伙人在退休计划方面存在重大分歧
普华 & 德洛伊特 · 哈斯金斯 · 塞尔斯	1984 年 8 月	20 亿美元的合并计划，实现全球第一大事务所	（1）职位分配协调困难，二者在美国各大城市都设有分所 （2）双方主要成员国代表投票表决时，英国方面票数未能通过
安达信 & 庄伯彬	1985 年年底	25.5 亿美元的合并计划，实现全球最大的事务所	经营政策冲突，安达信强调全球统一，庄伯彬强调各国独立自主

资料来源：李石．论会计师事务所的合并［J］．注册会计师通讯，1999（4）：1-8.

从表 6-12 可以看出，由于在组织体系、经营文化、盈利分配、职务安排、合伙人退休计划、经营政策等方面存在差异，最终合并各方未能达成合并协议。例如，普华和安达信曾在 1989 年商讨合并事宜，安达信积极进取的经营文化和普华绅士气派、传统保守的经营文化相冲突，普华较为松散的体制与安达信的集权体制存在差异，且两者在重大领域存在利益冲突，安达信为 IBM 提供商务咨询服务，而普华则担任 IBM 的审计师，最终没有达成合并协议。1997 年，在毕马威和安永的合并事例中，毕马威的紧密联合型组织体系和安永的松散联合型组织体系存在固有差异，导致两家事务所合并终止。了解这些合并终止的原因，更有助于我们加深对事务所合并规律的了解，从而提高合并成功的可能性，创造新的价值。

6.2.2 德勤会计师事务所的合并案例

在本部分，我们将分析 1989 年的德勤合并案例，即德洛伊特·哈斯金斯·塞尔斯（Deloitte Haskins and Sells，以下简称“DHS”）与塔奇·罗斯（Touche Ross）的合并案例，该合并形成了现在“四大”事务所之一的德勤全球（Deloitte Touche Tohmatsu，DTT）①。这个合并决策从根本上改变了两个事务所的企业文化、战略、结构以及组织的未来。本部分还将探讨合并前后的一些整合问题，包括：①哪些因素或假设导致事务所做出寻找一个合并伙伴的决策？②这两家事务所是如何通过企业文化及核心价值视角战略性地看待对方的？③这两个全球性组织的各国成员采取哪些步骤来充分实现合并收益？④20 世纪 80 年代末、90 年代初的经济衰退有没有对合并造成影响？

① 本案例改编自 SIDNEY E H. The Deloitte & Touche merger decision: lessons learned from a successful merger [J]. Organizational Dynamics, 2010, 39 (3): 279-287.

1）合并过程

在1989年年初，“八大”之一的DHS董事会面临着一个非常艰难的战略决策。DHS英国成员所提出，DHS应当积极寻求与另一“八大”事务所合并。他们认为，因为不断变化的行业竞争环境和公司自身的战略弱点，这种合并是非常必要的。在收入方面，DHS当时排名第7。DHS英国成员所的报告引发了一系列的决策，改变了该事务所的未来并使其成为后来的“四大”事务所之一。

（1）合并背景

大型会计师事务所之间一直存在着激烈的竞争。他们争夺会计行业中最重要的资产：客户和人才。判断会计师事务所未来是否成功，一个被密切关注的指标就是客户的规模和声誉。为受到广泛尊敬和令人羡慕的客户提供服务而建立起来的形象，可以帮助事务所获取其他客户，提供额外的服务，以及在招聘并留住人才方面获得重要的优势。

DHS英国成员所认为，现有及潜在的客户为抓住国际市场上的发展机会，正越来越多地采取全球化战略。随着客户的全球化，他们在所进入的各个国家市场上面临着各种复杂的情况。每个国家有不同的市场体系、管制和财务报告要求。企业因此提高了为其服务的专业服务机构的要求，包括会计和审计服务。这些公司希望它们的专业服务机构像是一个无缝集成的全球组织，而不仅仅是一个由各国独立的事务所组成的松散联盟。他们也希望专业服务机构拥有其在某个国家经营时所需要的特殊专业能力。

在行业内，毕马威（KPMG）是第一个通过超大规模兼并后成立的专业服务公司，他的目标是创造一个全球服务提供系统。当皮特·马威克·米歇尔（PMI）在1987年宣布与庄伯彬（KMG）合并成为KPMG时，这个消息震惊了同行。因为PMI本来就在美国和其他国家拥有很大的市场占有率。KMG也是欧洲最强的国际会计师事务所之一。通过合并，该事务所的人才储备实力更加雄厚，员工的经验更为丰富。事务所能够提供种类更为广泛的服务，在更多的国家拥有自己的工作人员。尽管毕马威在各个国家的成员所高度独立，但合并让毕马威拥有了为大型跨国公司服务的重要优势和实力。

在当时，安达信（Arthur Andersen）是除毕马威之外唯一一家拥有国际化整合服务能力的会计师事务所。安达信很大程度上依靠内生发展，因而安达信治理结构更具凝聚力，公司文化更统一。但是，它仍有重大缺陷，部分原因是它在日本的市场占有率较低。

虽然一直传言会有事务所合并，但毕马威是第一个超大规模的合并。DHS 英国成员所认为，事务所规模和均衡的全球实力对于获得和留住最大最好的客户至关重要。这些成员所认为，由于 DHS 在“八大”事务所中是规模最小的事务所之一，因而 DHS 在获得并留住大客户方面的战略风险更大。

DHS 英国成员所领导层感到事态很不稳定，因为其他会计师事务所也在讨论和探索可能的合并对象，因此他们需要采取紧急行动。DHS 英国成员所要求 DHS 总部董事会在有恰当合并方案时迅速采取行动。DHS 英国所领导层明确表示，他们倾向于与永道（Coopers and Lybrand）合并。当 DHS 英国成员所的合伙人提出合并请求时，J. 迈克尔·库克（J. Michael Cook）担任 DHS 的主席兼首席执行官（CEO）。如果 DHS 英国成员所的预测是正确的，那么 DHS 仅仅依靠内生成长去实现战略目标将会是非常困难的。

无论对个人或集体来说，DHS 董事会成员都明白事态的严重性。他们也明白与不同的企业文化合并时会面临的挑战。除了战略问题，他们还需要解决重要的人员任命问题，以及解决多余的人力资源问题。其中最大的挑战是将一个“新的和共同认可的”文化融入这两家公司。在英国的公司领导层暗示：如果 DHS 董事会不迅速采取行动并且完成一个令人满意的合并，他们将脱离 DHS 全球公司。

当时，会计师事务所行业内的竞争态势正在发生改变。毕马威的合并以及安达信在二战后的迅速崛起，已经改变了“八大”事务所之间的竞争格局。塔奇·罗斯（Touche Ross）的迅速发展，尤其是其管理咨询业务，也得到了行业内的广泛关注。塔奇·罗斯和安达信的成功主要是因为其激进的市场营销策略和在管理咨询业务方面的优势。安达信和塔奇·罗斯也能利用其咨询业务关系获得新的审计客户。这两家公司很早就意识到管理咨询服务和信息技术咨询将成为行业内两个增长最快的服务项目，并已建立起自己在咨询业务方面的声誉。

（2）DHS 美国成员所和 DHS 董事会的意见

作为全球性的专业组织，各个国家的成员所同意自愿与其他成员所联合，通常采用一个共同的事务所名称。全球组织通过协调各种技术专长以满足客户的需求，确定执业标准，分享最佳实务等措施，从而为各个相对独立的国家成员所创造价值。

这种组织结构为 DHS 全球制定整体战略带来了特殊的挑战。各国成员所的领导层只对自己国家的合伙人负责。因此，任何可能影响各个国家成员所的全球性决策，将不得不由该国合伙人自愿决定是否遵守。DHS 全球的总裁对各国成员所的影响力非常有限。

DHS 美国成员所（最大的成员所）迅速表示，对与永道的合并持怀疑态度。但是，DHS 美国成员所担心 DHS 的一些大客户会对与永道的合并做出负面反应。例如，在那个时候，通用汽车公司和宝洁公司都是当时世界上最大的公司之一，同时也是 DHS 美国成员所最大的客户之一。另一方面，永道承接了通用和宝洁最大的竞争对手——福特汽车公司和联合利华公司的审计业务。所以 DHS 美国成员所的领导人认为，这些客户不能接受自己的审计师同时为其主要竞争对手服务。

当时，著名的大公司也希望会计师事务所委派最优秀的服务团队为其审计。它们往往认为，事务所不可能有足够的人力资源来同时满足某一行业中 2 个以上最大企业的服务需求。大公司也担心信息从事务所的一个项目组泄漏到竞争对手的项目组，从而威胁其战略和行动效果。尽管 DHS 美国成员所领导人支持合并的想法，但他们还是十分关注客户的冲突问题和潜在的客户流失。他们认为，与永道的合并可能会流失通用汽车和宝洁公司之类的客户。

根据各国成员所的建议，DHS 董事会成立了一个由全球各个成员所领导组成的特别委员会，对他们所进行的战略选择进行评估。经过广泛的分析，该委员会认为可以探讨合并的可能性，并认为塔奇·罗斯是最好的合并候选人。他们认为，塔奇·罗斯与 DHS 只有较少的审计客户冲突问题，塔奇·罗斯有优秀的管理咨询业务，并且塔奇·罗斯带来了一些 DHS 业务偏弱的几个国家的优秀成员所，特别是在日本。也就是说，从业务互补、地域互补、客户冲突等方面看，塔奇·罗斯的优势更为突出。

（3）塔奇·罗斯的决定

Ed Kangas 于 1985 年被任命为塔奇·罗斯的首席执行官兼常务董事（managing director）。在成为 CEO 不久后，他成立了一个由事务所合伙人组成的小组，与他一起做该公司的战略审核。这个小组还包括 20 世纪 80 年代初收购进来的布拉克斯顿咨询集团（Braxton Consulting Group）的咨询人员。

Kangas 相信，塔奇·罗斯需要在世界每个主要市场有优质的合作伙伴，因为塔奇·罗斯完全靠自己是不能生存和发展的。他向塔奇·罗斯董事会和其他高级管理人员分享了他对形势的判断。在董事会的支持下，他开始接触其他会计师事务所的领导人，以了解他们对行业面临问题的思考。到 1989 年，Kangas 曾与永道（Coopers and Lybrand）的 CEO 皮特·斯坎伦（Pete Scanlon）深入探讨了合并的可能性。谈话结束后他们初步同意，如果双方认为与另一方的合并迫在眉睫，那么双方会再次探讨合并的可能性。

1989 年，阿瑟·扬（Arthur Young）与厄恩斯特·惠尼（Ernst and Whinney）宣布合并形成安永会计师事务所，Kangas 感到寻找一个合并伙伴的迫切性在进一步升级，他与 DHS 的 CEO 迈克尔·库克偶然进行了一次谈话，探讨了合并的可能性，但这次谈话没有像与永道谈得那么深入。根据与永道之前达成的协议，Kangas 也给永道的 CEO 皮特·斯坎伦打了电话，但没能联系上。最终，Arthur Young 与 Ernst & Whinney 的合并促使 DHS 和塔奇·罗斯的领导层仅仅花了三周时间就达成了合并的框架性协议。在与 DHS 的合并协议宣布后，Kangas 接到了来自永道的电话，但这个电话来得太迟了。

(4) DHS 英国成员所的反对

两家事务所的合并意向消息公布后，最艰辛的投票工作开始了。在为合伙人投票做准备的几个星期里，DHS 英国成员所越来越坚定地表达出它们对此项合并的保留意见。DHS 英国成员所认为与塔奇·罗斯的合并没有达到它们所寻求的地位和规模。

最后，合并对象选择上的矛盾开始激化，并损害了参与讨论的领导层之间的个人关系。各国成员所的领导人或者赞成 DHS 英国成员所的意见，或者赞成 DHS 董事会的意见。经过多方讨论和协调后，大家最终发现不可能达成一致意见。在即将要进行是否与塔奇·罗斯合并的正式投票前，英国成员所宣布将退出德勤全球并与永道英国成员所合并。DHS 英国成员所也试图说服其他成员所与永道合并。

对 DHS 的领导团队来说，这是一个令人沮丧和失望的结果。但是，DHS 美国成员所和大多数的大国成员所更倾向与塔奇·罗斯合并。在 1989 年年底，DHS 和塔奇·罗斯终于完成了合并，组建了德勤会计师事务所（Deloitte & Touche）。合并后，德勤全球组织约有 50 亿美元的收入，并立即成为“六大”事务所之一。该事务所有一些著名的客户，其中包括：通用汽车公司，微软美国公司，宝洁公司，美国联合包裹运送服务公司，克莱斯勒公司，西尔斯·罗巴克公司等。考虑到日本成员所的实力，该全球组织后来更名为德勤全球（Deloitte Touche Tohmatsu，DTT）①。

① 日本成员所在 1975 年加入 Touche Ross 国际联盟。

2）合并后的整合

根据合并协议，德勤任命了主要的领导团队，Michael Cook 被任命为美国德勤的主席和首席执行官，主要负责大客户和行业外部关系。Ed Kangas 被任命为美国德勤管理合伙人，以及德勤全球的董事长和首席执行官。合并协议规定 Cook 和 Kangas 将作为一个团队直接向董事会汇报，而不是向对方汇报。

（1）经济低迷和文化差异的冲击

由 1987 储蓄贷款危机（S&L crisis）引发的经济持续低迷迅速破坏了德勤全球对于合并的兴奋感，合并后的头几年非常艰辛。由于公司兼并收购、杠杆收购业务的减少，德勤咨询服务收入急剧下滑。在同一时间，审计部门不得不处理大量的因储贷公司破产而导致的索赔和诉讼。在财务上，合并后的公司总收入下滑，高级合伙人不得不减薪，以保护公司的信誉，并尽可能地保持其他低层级合伙人的薪资水平。

除了经济低迷和新公司的不良业绩，合伙人们越来越关注两家事务所之间的文化差异问题。文化差异也成为了让人头痛和出现重大问题的根源。塔奇·罗斯是一个相当扁平化的组织，合伙人有很大的自主权，这也体现出咨询部门人员对塔奇·罗斯文化的影响。塔奇·罗斯也是一个精干的组织，重视合伙人的集体决策（collegiality）与合作。该事务所也为其更为积极、没有其他事务所那么传统而感到自豪。

DHS 的合伙人也重视集体决策，但他们通常会采用更正式的程序来决定专业问题、分配资源、启动新倡议和解决分歧，这体现出审计业务部门对 DHS 文化的影响。DHS 的成员们会为他们的优质审计和税务客户群而感到自豪，并享有“审计师的审计师（the auditor's auditor）”的美誉。

（2）德勤美国成员所的解决对策

在美国，塔奇·罗斯和 DHS 的规模相当。两家事务所合并后，它们并未使用某一事务所的管理系统和方法，而是决定建立一种新的系统和方法，以反映新成立事务所的价值观和理念。例如，两家公司建立了一个新的记分卡来跟踪和评估员工的工作表现，并且创建了一套新的合伙人薪酬系统。在那些塔奇·罗斯和 DHS 仍然产生分歧的地方，新的领导人将被任命。建立一个新的组织是耗时和成本高昂的，但这有助于形成一套共同的核心价值观，互相支持与合作，从而有助于变革和形成一个真正得到整合的事务所。

（3）德勤全球的整合对策

为了体现事务所合并的优势，德勤全球的领导层知道新事务所必须建立无缝的管理结构，以满足跨国公司客户的要求。这是一个非常微妙的平衡行动，因为德勤全球没有像各国成员所那样的治理权限和管理权威。大部分最好的国家成员所已与德勤有几十年的业务来往，它们的成功很大程度上归因于它们具有满足本地客户需求的技能，因此它们自然而然地担心让各自的优秀人才为德勤的全球客户服务所带来的影响。

合伙制的组织结构以及“四大”事务所的形成方式已经制约了“四大”事务所在全球范围内的管理执行能力。目前，没有一家“四大”事务所能在全球范围内像一个一般公司那样管理自己。德勤全球与它的竞争对手一样，对各国成员所仅有有限的管理权限。同时，“四大”事务所都希望在为跨国客户服务中战胜对手。

德勤意识到在商业实践和全球组织的治理权限方面需要做出改变。第一步比较棘手，但领导团队还是能够就合作和整合的关键原则及具体合作协议达成一致意见。德勤通过选举全球管理团队和精简治理体系而取得了进步。管理团队很成功，因为它包含了很多大国成员所的领导层，他们通力合作以“相互确保成功”而不是“相互拆台”。保持大型跨国公司客户满意度这一共同的利益目标，是让各国成员所完成合作行动的最强大动力。说服、失败的威胁、达成共识以及应对跨国客户的需求是全球领导团队用来解决过去存在的一些国家间障碍的主要理由。全球管理层没有其他可行的替代方案，因为他们不能剔除某个成员所。即便能剔除，他们也找不到高质量的事务所作为替代。

当卡普兰（Copeland）在1999年当选为德勤美国和德勤全球的首席执行官时，该事务所已经在两种文化的整合和合并价值最大化方面取得了进展。合并后的事务所做了很多工作以消除文化分歧，虽然“文化战争”的一些残余仍对事务所的绩效产生了负面影响。但总体上看，当时有明显证据表明，事务所合并后在业务扩张上取得了进步，在世界上132个国家都开展了业务。

随着安达信公司在2002年的倒闭，于1985形成的“八大”事务所成为了现在的“四大”事务所。到2008年年底，业界最大的会计事务所分别为：普华永道（财政年度全球收入282亿美元）、德勤（财政年度全球收入274亿美元）、安永（财政年度全球收入245亿美元）和毕马威（财政年度全球收入227亿美元）。

3）重要的经验教训

德勤的合并决策对两家事务所和整个行业产生了深远的影响。合并双方的共同领导，双方力求适应它们最大客户的需求，以及为了建立一个成功的公司战略和单一的事务所文化而做的工作，这三个因素使得该合并成为一个成功的案例。虽然合并后的整合执行得并不完美，但执行的结果足以使德勤美国（DT）和德勤全球（DTT）成为世界上规模最大和最专业的公司之一。

（1）领导能力

领导能力在合并中起了一定的作用，双方领导人愿意面对现实，并都意识到行业的竞争行为和结构在未来很可能会发生改变。他们也愿意考虑客户需求的改变可能带来的结果。如果他们决定不合并，或选择了错误的合作伙伴，那么他们的成功之路可能会变得更加困难。合并后，领导团队做出的最重要贡献是做出变革，从根本上重建与客户需求相协调的公司战略和文化。这样做的风险肯定也是很高的。

作为一个团队，从1994—1999年，库克（Cook）、坎加斯（Kangas）和卡普兰（Copeland）成为德勤“首席执行官办公室”

的三位职位最高的领导者，他们的领导在经济动荡时期为德勤美国提供了一贯的公司策略、稳定的核心理念和连续的业绩预期。事务所也得益于在各个主要服务领域有一批很有才能的领导人。当库克（Cook）和坎加斯（Kangas）在1999年退休时，卡普兰（Copeland）首次同时当选为德勤美国和德勤全球的CEO。

DHS和塔奇·罗斯分别选出各自董事会的成员。作为合伙人兼董事会成员，他们对事务所的成功有共同的既得利益。董事会成员在行业内维持各自的关系网，并经常与其他事务所的同行交流有关潜在变革的信息。无论作为一个个体或是董事会的一员，他们都非常了解他们的事务所和行业。

在面对企业重大决策时，如果事务所的管理团队将董事会作为一个可靠的业务伙伴，那么董事会将是事务所的一笔巨大财富。董事会正确的质疑可以强化决策的形成过程，提高决策的质量。如果董事会在动机、知识或经验上存在严重缺陷，管理层会对董事会缺乏信心，他们的作用因此可能会有所削弱。

（2）战略

德勤合并决策也是两个事务所如何看待行业中的竞争行为变化以及自身战略的适应情况的一个案例。从第二次世界大战结束至20世纪80年代，大多数事务所认识到创建可持续竞争优势有多么困难它们最多希望建立暂时的优势以提高自己的声誉。

在20世纪80年代，行业内最大的几家事务所都面临“十字路口的决策”：要么采取“单干”策略但有失去全球客户的风险，要么寻找一家合并伙伴并建立客户所需的全球服务能力。不合并的优点是拥有自主权，但另一方面，如果不能找到正确的合并伙伴，它们将面临沦为失败者的风险。事务所不得不在这两者间进行权衡。

在这段时期，大多数事务所奉行双重战略：通过自身发展保持行业竞争力，同时，评估是否需要合并以确保长期成功。这些事务所决策时的第二个重要问题是合并伙伴的选择。能长远走向成功的关键是寻找一个合并伙伴，这个合并伙伴可以与他们的业务形成互补，并与他们一起建立起可超越竞争对手的新商业模式和事务所文化。这个案例表明，当面对高度动荡的环境时，最好的前进途径可能是设计一个双重战略，同时兼顾短期和长期目标。有了合适的合并伙伴，这些事务所就有机会把他们的短期战略和长期战略结合起来以加强他们的竞争力。

（3）文化

事务所之间的文化差异是合并时需要重点关注的一个问题。双方不仅希望加强事务所的战略合并，而且包括文化合并。经济衰退让德勤全球的领导团队更加认识到合并的好处。同时，事务所财务状况不佳也让一些推行变革的阻力变得更大。例如一些合伙人会怀疑合并的价值，并怀疑事务所是否选择了正确的合并伙伴。

一旦他们接受了形势现状，合并双方会为了长期利益而集中精力进行合并工作。虽然 DHS 与塔奇·罗斯的文化存在一些差异，但它们在以下一些重大方面也有相似性：①合并双方都拥有相当的声望，并且想被认可为业界最好的事务所之一。②合并双方的合伙人都尊重对方，他们也尊重合伙制带来的权利和责任。③双方合伙人尊重其他合伙人的知识、经验和专业态度。合并双方对彼此解决问题和技术方面的能力给予了高度评价。④合并双方的文化中都注重结果，他们会结合其他事务所的情况，评价和跟踪自己事务所在吸引和留住优质客户方面的成绩。

将得到共同认可的新文化嵌入到德勤美国合伙人的"基因"中花了几年的时间。在此期间，通过一系列大大小小的决策，领导团队和事务所采用了一套更少独断、更少官僚色彩的核心价值观和原则。合并后的事务所也采用了一种更具适应性、灵活性和以市场为中心的思维模式。作为一个全球化的大型组织，因为存在更多的障碍，德勤全球花了更长的时间才达到与德勤美国公司相同的合并效果。除了文化和语言差异之外，国际化的事务所还要克服地理上的距离、不同国家的身份认同等问题，以及在业务实践上的差异。

(4) 共识

两家事务所的领导层在行业变革上的观点基本一致。值得注意的是，他们在以下的一些重要问题上达成了共识，这些共识驱动了他们在合并前后的决策与行动：①行业变革的关键驱动因素，以及该变革可能对事务所产生的影响。②对目前所面临情况的最佳应对措施。③行动的迫切性。两家公司都希望获得成功并在变革中成为行业的领导者。④如果不行动的后果。两家公司都害怕因没有找到合适的合并伙伴而成为失败者。事实上，双方就上述关键问题达成了共识，使得它们在宣布合并意向之后更容易克服合并过程中出现的挫折和障碍。同时，这也有助于它们在合并后执行各种调整。

在许多情况下，在形势分析上达成共识可能是非常艰难的任务。应该在具备哪些条件时进行合并？一个成功的合并应该是什么样的？这都是很难回答的问题。因为风险很大，管理团队、董事会内部的冲突和争议几乎是不可避免的。在德勤的决策中，用来评价合并的关键信息在德勤的计算机数据库中并不存在。这些信息更多的是面向未来，并只能提供很粗略的情景。这些信息来自于与客户和同行的交流，来自于对客户需求的讨论，并且基于暂时的印象、意见、意向，甚至流言。因为这些信息是主观性的、不确切的，它们需要事务所高级合伙人与多方沟通来减少不确定性。这使得管理团队和董事会面临窘境。

在战略决策中，确定形势分析中的各种假设和每一个替代方案是很重要的。假设的有效性往往基于不完整的信息。如果无法获得重要的信息，不能彻底审视关键的假设，那么各种备选方案的考虑就会欠妥。因此，对过去的战略、实务以及未来的重要假设进行一个公开和富有建设性的讨论，将直接影响事务所决策的质量。

在讨论过程中，如果反对者将关注点集中在那些没有被深入讨论过的议题上，那么这种讨论将特别有帮助。这些问题的处理会告诉其他人：领导者是单纯为了证实观点还是真正寻求做出最佳决策。然而，有些问题会破坏严密的形势分析和理性决策。在德勤的合并案例中，有两个问题：

①狭隘的利己主义。从一开始，英国成员所就致力于与永道合并。这是与美国成员所发生冲突的重要原因，并严重阻碍了与塔奇·罗斯的合并。这同样影响了各个国家成员所之间的关系，因为他们必须选择是站在德勤全球领导团队一边，还是站在英国成员所一边。拥有强大影响力的单个高管或小群体的个人安排和偏好会降低整个形势分析的质量。

②管理团队或董事会内部的有害对抗。合并初期的新公司是比较脆弱的，公司经营状况的恶化增加了管理层和合伙人的压力。在某些情况下，挫折和对未来缺乏信心可能会导致一些不必要的争论和对合并决策的再度猜疑，这可能是一个大问题。在处理反对者及文化冲突的负面影响中，DHS 的管理团队展现了高超的领导能力。特别是管理层采取了强有力的措施以控制混乱的蔓延，防止战略在实施过程中被破坏。

7 结论与建议

7.1 事务所合并绩效的研究结论

本书在对会计师事务所合并的理论分析基础上，实证检验了2006年以来证券市场会计师事务所合并的绩效。

7.1.1 基于合并后留在原事务所的公司样本的实证检验

本书选择2006—2009年我国证券市场上会计师事务所之间的合并案例，基于合并后留在原事务所的公司样本，从审计质量(操纵性应计利润)、客户对合并的看法（审计收费）以及市场对事务所合并的反应三个角度，实证检验了事务所合并的绩效，结果发现：（1）合并后留在原事务所的公司的操纵性应计利润指标没有显著降低，合并没有显著提高审计质量，无论是合并中的大所还是小所。（2）合并导致事务所整体审计收费上升，并进一步区分大小所，以及区分事务所在合并后是否进入内资十大事务所后发现，合并后进入前十的大所的审计收费上升，而小所无论是否进前十，其审计收费都没有显著的变化。进一步的分析表明，合并后的内资十大事务所对不同客户采用了不同的定价策略，对于大客户市场提高收费，对于竞争激烈的小客户市场则保持了原来的收费水平。（3）市场对事务所合并做出了显著正面的反应，大所（同时也是内资十大所）更为突出，表明事务所合并得到了市场的认可。结合客户公司也愿意为合并后的十大支付更高的审计费用，这表明内资十大事务所已经形成了自己的声誉，也在一定程度上显示出证监会、财政部与中注协有关促使本土事务所做大做强，提升本土事务所声誉和市场竞争力的政策已经开始取得成效。

从事务所角度看，审计质量没有显著提高的原因可能在于：（1）我国的会计师事务所合并可能并非完全的市场化行为，通过合并迅速提高规模以获取相关资质（如证券期货审计资格、H股审计资格等），参与政府项目竞标成为事务所常见的目的（李明辉，2011）。2006年以来的合并浪潮既有事务所的自愿因素，同时也与政府强有力的引导和推动有关。例如，财政部和中注协官员在不同场合鼓励我国会计师事务所通过合并做大做强，并提出“重点扶持10家左右具有核心竞争力、能够跨国经营并提供综合服务的大型会计师事务所”。H股企业审计资格中对年度收入的要求也促使一些事务所被迫通过合并迅速扩大收入规模。为执业资质而合并的各方没有很强的动力去进行内部整合以提高审计质量，他们在合并后可能仍然各自承接业务、各自出具报告，合并也仅仅停留在报表数据上的合并，缺乏实质性的整合，也就谈不上审计质量的提高。（2）会计师事务所合并以后，需要在内部治理、技术标准、质量控制、人员培训、文化等方面实施整合。整合的质量决定着合并的成败，审计质量没有显著提高的原因之一可能是事务所整合不力。

本部分研究的局限性：（1）会计信息质量有多种计量指标，本书在研究审计质量时仅采用了操纵性应计利润指标和审计意见来衡量审计质量，研究结论得出合并没有显著改善审计质量。（2）整合可能需要较长时间才能实现，而本书受样本限制，仅检验了合并当年和第二年的审计质量是否提高。因此，审计质量没有显著提高的原因也可能是整合尚未完成。

7.1.2 基于合并后变更事务所的公司样本的实证检验

鉴于合并后留在原事务所的公司样本的实证检验中，审计质量没有显著提高还可能有一种原因：在合并后，盈余管理程度低或未来盈余管理动机较低的客户可能留在了合并后的事务所，而未来盈余管理动机高的客户由于预料到合并后事务所的审计要求更加严格，因此变更了事务所。如果事实如此，那么我们仍然可以认为合并的效果是积极的。

因此，我们接着从客户流向角度，进一步比较合并后变更了事务所的公司盈余管理变化。同时，还分析了事务所合并前后在客户承接方面的质量控制变化。具体而言，本书分析了2007—2009年在合并前是内资非十大，在合并后成为内资十大的事务所，其客户发生审计师变更的原因，包括检验客户盈余管理动机、事务所风险管理动机、客户成长需求动机、客户融资动机、客户降低审计成本动机等。从审计师变更行为角度，间接推断事务所合并的绩效。

总体上本书得到以下结论：（1）合并后客户发生审计师变更的原因更可能是由于客户希望规避审计质量的提高，而不是为了节约审计费用。这可以理解为未来盈余管理动机高的客户由于预料到合并后事务所的审计要求更加严格，因此变更了事务所。因此我们仍然可以认为合并的效果是积极的。（2）未发生审计师变更的客户情况表明，在我国，上市公司审计需求在一定程度上表现为成长性需求和融资需求，即公司规模变大，需要继续让大所审计；公司为融资便利、降低融资成本而继续聘任合并后的大所。（3）合并促使会计师事务所加强了审计质量控制，对高风险客户的选择采取了更谨慎的态度，在一定程度上达到了合并的效果。

7.2 相关建议

根据上述研究结论，本书提出以下建议：

7.2.1 对监管部门的建议

1）加强对合并后的事务所审计质量的监管

对于我国这样的后进市场经济国家，政府通过创造职业服务需求，积极促进了审计职业服务市场的加速发展。政府通过出台相关政策，有力地推动了我国审计行业的做大做强。会计师事务所的合并，使市场对内资十大事务所有了更高的认同，公司也愿意为合并后的十大事务所支付更高的审计费用。在合并过程中，未来盈余管理动机高的客户由于预料到合并后事务所的审计要求更加严格，因此变更了事务所。合并促使会计师事务所加强了审计质量控制，对高风险客户的选择采取了更谨慎的态度。上述研究证据表明，内资十大事务所已经形成了自己的声誉，显示出证监会、财政部与中注协在促使本土事务所做大做强，提升本土事务所声誉和市场竞争力的政策已经开始取得成效。

另一方面，在我国本土一些事务所合并中也不乏流于形式的，导致做大而做不强。本书也发现合并后留在原事务所的公司的盈余质量没有显著提高。因此，对于监管部门而言，在积极引导我国审计行业发展壮大的同时，要加强对事务所合并质量的监管，促使本土事务所在做大的基础上进一步做强。尤其关注合并后的事务所是否采用统一的技术标准和质量控制措施，关注事务所合并后的内部治理和管理制度等方面的整合情况，是否实现实质上的融合，并将其作为事务所执业质量检查的重要内容。

2）完善上市公司聘任和解聘会计师事务所的程序

第 4 章对变更审计师的研究发现，合并后发生审计师变更的原因更有可能是由于客户希望规避审计质量的提高，达到盈余管理的目的。因此监管部门应采取措施防止或者减少上市公司为达到该目的而发生的变更行为。

根据我国《公司法》的规定，上市公司聘任和解聘会计师事务所需要由股东大会决定，并且具体程序是应先提交股东大会审批，然后由董事会和管理当局负责执行①。但实际生活中，我国上

① 全国人民代表大会常务委员会．中华人民共和国公司法［EB/OL］．（2005-10-27）．http：//www.gov.cn/ziliao/flfg/2005-10/28/content_ 85478.htm.

市公司很多都是由控股股东和管理层决定聘任和解聘会计师事务所，造成我国上市公司审计师变更程序比较混乱，公司管理层就可以利用这一点来掩盖自己的不利行为，最终损害股东和利益相关者的利益。因此，本书建议相关监管部门改善公司治理，继续加强对事务所变更的监管力度，从而使上市公司变更会计师事务所的程序更加规范。

3）加强对变更到小规模事务所的上市公司的关注

第4章对变更审计师的研究也发现，风险高的上市公司更倾向于在合并后变更到规模小的会计师事务所。因此从提高监管效率出发，监管部门可以将监管重点放在变更到小规模事务所的上市公司，特别是那些变更前收到非标准无保留审计意见且亏损的公司。投资者也可以重点防范这些上市公司，对这些公司的报表进行重点分析，谨慎地对这些公司进行投资。

7.2.2 对会计师事务所的建议

总体上看，由于实证研究中合并后留在原事务所的公司的盈余质量没有显著提高，加上以往合并的失败案例以及不少合并后又终止合并或分立的案例，对事务所而言，我们建议事务所在通过合并取得相关市场和执业资质的同时，要注意加强合并的整合，加强风险管理和质量控制，提高内部治理水平，否则合并的事务所越多，风险可能越大。具体而言：

1）合并初期进行充分的调查分析，就重大问题达成共识

在合并的初期（初步了解阶段、谈判阶段），事务所就应当开始评估整合问题，树立起“整合为上”的观念。合并初期需要解决的问题包括：事务所自身的定位和战略目标，合并双方的具体需求，合并双方文化的兼容性，合并后可能的客户流失、合伙人和员工流失的风险。合并前就要在一些重要问题上达成共识，以驱动合并后的决策与行动。例如，行业变革的关键驱动因素，以及该变革

可能对事务所产生的影响、各方的需求、最佳应对措施、行动的迫切性、如果不行动的后果、合并后的组织架构和人事安排等。达成这些共识，有助于克服合并过程中出现的挫折和障碍，也有助于在合并后进行各种调整。笔者认为，各方在事务所合并初期进行更充分的调查分析，就重大问题达成共识，甚至比合并后的整合更重要。如果在此阶段双方认为未来的整合十分困难，就应果断放弃。

2）合并后及时进行整合

在合并后，事务所应及时从专业标准和质量控制、客户资源、人力资源、薪酬激励机制以及事务所文化等五个方面对事务所进行整合。鉴于会计师事务所合并涉及参与合并各方的利益重新平衡，是事务所资源的重新配置，因此尤其要处理好事务所管理层的重新调整，完善合伙人的加入和退出机制，完善相关的利益分配机制、股权激励机制。

国际大型会计师事务所凭借其良好的声誉及科学的管理机制，在我国拥有较高的审计市场份额，这对国内事务所构成了一定的威胁。尽管如此，国际大型会计师事务所的管理模式、服务质量、执业技能依然值得国内事务所学习与借鉴。“四大”事务所的合并过程中也曾出现过终止，但成功的合并后面是它们能够选择与合适的事务所合并，并进行实质性的整合，实现事务所的协同效应，逐步建立起适合自身的一套质量控制体系、人力资源与客户资源管理信息系统、绩效评价与薪酬激励机制、优质的事务所文化。国内事务所应吸取教训，借鉴国际大型会计师事务所合并的成功经验，真正做大做强，实现事务所的国际化发展。

主要参考文献

［1］ AICPA. Management of an accounting practice ［M］. Handbook, 2009.

［2］ ALLEN C, DONALD J S, JANETLAUGHTON. Auditor independence and fee dependence ［J］. Journal of Accounting and Economics, 2002, 33 (2): 253-275.

［3］ BEATTIE V, FEARNLEY S. The importance of audit firm characteristics and the drivers of auditor change in UK listed companies ［J］. Accounting and Business Research, 1995 (25): 277-239.

［4］BECKER C L, DEFOND M L, JIAMBALVO J, et al. The effect of audit quality on earnings management ［J］. Contemporary Accounting Research, 1998 (15): 1-24.

［5］ BEDINGFIELD, LOEB. Auditor changes—an examination ［J］. Journal of Accountancy, 1974 (3): 38-59.

［6］ BOCKUS K, GIGLER F. A theory of auditor resignation ［J］. Journal of Accounting Research, 1998, 36 (2): 191-208.

［7］ BURTON J, ROBERTS W. A study of auditor changes ［J］. Journal of Accountancy, 1967 (4): 31-36.

［8］ CARPENTER C, STRAWSER R. Displacement of auditors when clients go public ［J］. Journal of Accounting, 1971 (149): 55-59.

［9］ CHARLES J P, CHEN, SU XIJIA, WU XI. Auditor changes following a big 4 merger with a local chinese firm: a case study ［J］. Auditing: A Journal of Practice & Theory, 2010, 29 (1): 41-72.

［10］ DEANGELO L E. Auditor size and audit quality ［J］. Journal of Accounting and Economics, 1981, 6 (3): 183-199.

[11] DEANGELO L. Auditor independence, “low-balling”, and disclosure regulation [J] . Journal of Accounting and Economics, 1981: 113-127.

[12] DECHOW M P, SLOAN R G, SWEENEY A P. Detecting earnings management [J] . Accounting Review, 1995 (70): 193-225.

[13] DEFOND M L, SUBRAMANYAM K R. Auditor changes and discretionary accruals [J] . Journal of Accounting and Economies, 1998 (25): 35-67.

[14] DENISE D, THOMAS G N, KENNETH M W. Primer on partnership-compensation models [J] . CPA Journal, 2005 (75): 8.

[15] DIANEL T S, JERE R F. The effects of auditor change on audit fees: tests of price cutting and price recovery [J] . The Accounting Review, 1988 (4): 255-269.

[16] DOPUCH N, SIMUNIC D. The nature of competition in the auditing profession: a descriptive and normative view [M] . Belmont, CA: Buckley J W, Weston J F (Eds.), Regulation and Accounting Profession. Lifetime learning Publication, 1980: 77-94.

[17] DYE R A. Auditing standards, legal liability and auditor wealth [J] . Journal of Political Economy, 1993, 101 (5): 887-914.

[18] EUGENE F F, MICHAEL C J. Spearation of ownership and control [J] . Journal of Law and Economics, 1983, 26 (1): 301-325.

[19] FIRTH M, LAU T. Audit pricing following mergers of accounting practices: evidence from Hong Kong [J] . Accounting and Business Research, 2004, 34 (3): 201-213.

[20] FRANCIS J, MAYDEW E, SPARKS H C. The role of big 6 auditors in the credible reporting of accruals [J] . Auditing: A Journal of Practice and Theory, 1999, 18 (2): 17-34.

[21] FRANCIS J R. The effect of audit firm size on audit prices: a study of the Australian market [J] . Journal of Accounting and Economics, 1984, 6 (2): 133–151.

[22] GEIGER M A, RAMA D V. Audit fee, non-audit fee, and auditor reporting on stressed companies [J] . Auditing: A Journal of Practice and Theory, 2003, 22 (2): 53–69.

[23] GILSON R J, MNOOKIN R H. Sharing among the human capitalists: an economic inquiry into the corporate law firm and how partners split profits [J] . Stanford Law Review. 1985 (37) .

[24] GUL, FERDINAND A. Audit prices, product differentiation and economic equilibrium [J] . Auditing: A Journal of Practice & Theory, 1999, 18 (1): 90–100.

[25] HACKENBRACK K, HOGAN C. Market response to earnings surprises conditional an reasons for an auditor change [J] . Contemporary Accounting Research, 2002, 19 (2): 195–233.

[26] HEALY P, LYS T. Auditor changes following big 8 mergers with non-big 8 firms [J] . Journal of Accounting and Public Policy, 1986, 5 (4): 251–265.

[27] HUNG CHAN, WU DONGHUI K. Aggregate quasi rents and auditor independence: evidence from audit firm mergers in China [J] . Contemporary Accounting Research, 2011, 28 (1): 175–213.

[28] IYER V M, IYER G S. Effect of big 8 mergers on audit fees: evidence from the United Kingdom [J] . Auditing: A Journal of Practice and Theory, 1996, 15 (2): 123–132.

[29] JENSENM, MECKLING W. Theory of the firm: agency costs and capital structure [J] . Journal of Financial Economics, 1976 (3): 305–360.

[30] JOEL S, CHRIS F. Bridging compensation gaps in a merger [J] . Journal of Accountancy, 2012 (1): 42–45.

[31] JOEL S, TERRENCE P. Keeping it together: plan the transition to retain staff and clients [J]. Journal of Accountancy, 2009 (4): 24-28.

[32] JOEL S, TERRENCE P. Mergers & acquisitions of CPA firms: understanding the roadblocks to successful deals [J]. Journal of Accountancy, 2009 (3): 58-61.

[33] JOHNSON W B, LYS T. The market for audit services: evidence from voluntary changes [J]. Journal of Accounting and Economics, 1990, 12 (1-3): 281-308.

[34] JOHNSTONE K M, BEDARD J C. Audit firm portfolio management decisions [J]. Journal of Accounting Research, 2004, 42 (4): 659-690.

[35] JONES, FREDERICK L, RAGHUNANDAN K. Client risk and recent changes in the market for audit services [J]. Journal of Accounting and Public Policy, 1998 (17): 169-181.

[36] JONES J. Earnings management during import relief investigations [J]. Journal of Accounting Research, 1991 (29): 193-228.

[37] KINNEY W, MARTIN R. Does auditing reduce bias in financial reporting? a review of audit-related adjustment studies [J]. Auditing: A Journal of Practice and Theory, 1994, 13 (1): 149-156.

[38] KLEIN B, CRAWFORD R, ALCHIAN A. Vertical integration, appropriable rents and the competitive contracting process [J]. Journal of Law and Economics, 1978 (10): 297-326.

[39] KOTHARI S P, LEONE A J, WASLEY C E. Performance matched discretionary accrual measures [J]. Journal of Accounting and Economics, 2005, 39 (1): 163-197.

[40] KRISHNAN J, KRISHNAN J. Litigation risk and auditor

resignations [J] . The Accounting Review, 1997 (11): 539-560.

[41] LEE H E, JOHN L M. M&A integration challenges: the process doesn't stop at closing [J] . CPA Practice Management Forum, 2010 (10): 12-15.

[42] LENNOX C. Does companies successfully engage in opinion-shopping? evidence from the UK [J] . Journal of Accounting and Economics, 2000 (3), 29-52.

[43] LYS, WATTS. Lawsuits against auditors [J] . Journal of Accounting Research, 1994 (32): 65-93.

[44] MANNE H G. Mergers and the market for corporate control [J] . Journal of Political Economy, 1965, 3 (2): 110-120.

[45] MARTIN M S. Life cycle planning for the CPA practice: practical strategies and forms [M] . AICPA, 2007.

[46] MCMEEKING K P, PEASNELL K V, POPE P F. The effect of large audit firm mergers on audit pricing in the UK [J] . Accounting and Business Research, 2007, 37 (4): 301-319.

[47] MENON K, WILLIANS D. Error cost and auditors [J] . The Accounting Review, 1999 (4): 326-341.

[48] MENON K, WILLIAMS D. The insurance hypothesis and market prices [J] . The Accounting Review, 1991, 69 (2): 327-342.

[49] MUN S C, DANIEL Z. The effect of accounting firm mergers on international markets for accounting services [J] . Journal of International Accounting, Auditing & Taxation, 1999, 8 (1): 1-22.

[50] NEAL M A, SCOTT H. Perceptions of organizational ideology following merger: a longitudinal study of merging accounting firms [J] . Accounting, Organizations and Society, 1995 (1): 19-34.

[51] PETER M C, DAN A S. The association between audit

quality, retained ownership, and firm-specific risk in U. S. vs. Canadian IPO markets [J]. Journal of Accounting and Economics, 1994, 17 (1-2): 207-228.

[52] RONG D, YUPING J. Auditor mergers, audit quality and audit fees: evidence from the pricewaterhousecoopers merger in the UK [J]. Journal of Accounting and Public Policy, 2012, 31 (1), 69-85.

[53] SCHWARTZ, KENNETH B, MENON K. Auditor switches by failing firms [J]. The Accounting and Economies, 1985 (2): 78-94.

[54] SCOTT H, IAN Z. The structure of profit sharing schemes in accounting partnerships [J]. Accounting & Finance, 1998, 38 (1): 51-70.

[55] SHU S Z. Auditor resignations: clientele effects and legal liability [J]. Journal of Accounting and Economics, 2000, 29 (2): 173-205.

[56] SIDNEY E, HARRIS. The Deloitte & Touche merger decision: lessons learned from a successful merger [J]. Organizational Dynamics, 2010, 39 (3): 279-287.

[57] SIMUNIC D. The pricing of audit services: theory and evidence [J]. Journal of Accounting Research, 1980, 18 (1): 161-190.

[58] SIMUNIC D. The pricing of audit services: theory and evidence [J]. Journal of Accounting Research, 1980 (Spring): 161-190.

[59] STEPHEN W. Add a new owner to your firm [J]. Journal of Accountancy, 2003 (8): 46-48.

[60] SULLIVAN M W. The effect of the big eight accounting firm mergers on the market for audit services [J]. Journal of Law and

Economics, 2002, 45 (2): 375-399.

[61] SUSAN H, IVANCEVICH, ASGHAR Z. An explanatory analysis of the 1989 accounting firm megamergers [J]. Accounting Horizons, 2000, 14 (4): 389-401.

[62] U. S. General Accounting Office (GAO). Public accounting firms: mandated study on consolidation and competition [R]. Washington, D. C: General Accounting Office, 2003a: 31.

[63] U. S. General Accounting Office (GAO). Accounting firm consolidation: selected large public company views on audit fees, quality, independence, and choice [R]. Washington, D. C: General Accounting Office, 2003b: 3-12.

[64] WATTS R. Corporate financial statements: a product of the market and political processes [J]. Australian Journal of Management, 1977 (4): 53-77.

[65] 白宪生. 上市公司会计师事务所变更的市场反应研究 [J]. 工业技术经济, 2010 (3): 138-143.

[66] 薄仙慧, 吴联生. 国有控股与机构投资者的治理效应: 盈余管理视角 [J]. 经济研究, 2009 (2): 81-91.

[67] 财政部会计司. 突破会计师事务所做大做强瓶颈的重要制度创新——财政部会计司解读《关于推动大中型会计师事务所采用特殊普通合伙组织形式的暂行规定》[J]. 财务与会计, 2010 (9): 7-12.

[68] 蔡春, 孙婷, 叶建明. 中国内资会计师事务所合并效果研究——基于国际"四大"审计收费溢价的分析 [J]. 会计研究, 2011 (1): 83-96.

[69] 蔡春, 鲜文铎. 会计师事务所行业专长与审计质量相关性的检验——来自中国上市公司审计市场的经验证据 [J]. 会计研究, 2007 (6): 41-47.

[70] 常勋. 会计师事务所的绩效考核与激励机制 [J]. 中国

注册会计师，2006（4）：57-60.

［71］常勋．会计师事务所经营管理问题［M］．北京：经济科学出版社，2009.

［72］陈信元，夏立军．审计任期与审计质量：来自中国证券市场的经验证据［J］．会计研究，2006（1）：44-53.

［73］陈永宏．对事务所“走出去”人才培养的思考［J］．中国注册会计师，2008（4）：19-20.

［74］邓川，陈龙．会计师事务所合并中的客户和员工保留问题探讨［J］．会计之友，2013（3）上：42-45.

［75］邓川，罗悦．会计师事务所新合伙人入伙财务问题探讨［J］．财会通讯，2012（6）上：31-33.

［76］邓川．会计师事务所合伙人退出机制探讨［J］．中国注册会计师，2012（11）：73-76.

［77］邓川．审计师变更方向、盈余管理与市场反应——基于公司在内资审计师之间变更的研究［J］．中国工业经济，2011（11）：119-128.

［78］丁华，高崇峰．上市公司财务治理对绩效影响的实证分析［J］．商业会计，2012（4）：92-94.

［79］房巧玲，房玲，亓亮．基于资源观视角的会计师事务所合并动因研究［J］．中国注册会计师，2012（5）：86-89.

［80］房巧玲，李晓燕．会计师事务所合并对审计收费的影响研究［J］．中国注册会计师，2011（2）：63-69.

［81］葛徐．事务所的合并与分立［J］．中国注册会计师，2012（6）：86-89.

［82］国家财政部．关于加快发展我国注册会计师行业的若干意见［EB/OL］．（2009-10-03）．http：//www.gov.cn/zwgk/2009-10/12/content_1436483.htm.

［83］胡建军．事务所规模化发展的实践［J］．中国注册会计师，2006（6）：24-26.

[84] 胡少先. 论天健文化建设 [J]. 会计之友，2013 (3) 上：4-9.

[85] 胡奕明. 关于事务所股东和核心管理层管理工作的调查分析 [J]. 中国注册会计师，2006 (3)：60-64.

[86] 胡奕明. 国际会计师事务所内部管理研究 [J]. 中国注册会计师，2005 (2)：56-61.

[87] 胡奕明. 事务所绩效与报酬模式的选择动因 [J]. 中国注册会计师，2004 (10)：18-21.

[88] 蒋力，刘尔奎，崔宏. 会计师事务所合并对审计收费的影响：品牌和规模效应 [J]. 财会通讯，2009 (5)：137-147.

[89] 蒋尧明，赖妍. 会计师事务所合并的文化冲突及其整合研究 [J]. 会计之友，2006 (1)：77-78.

[90] 焦云. 中国本土会计师事务所合并问题研究 [D]. 北京：中国地质大学，2008.

[91] 李东平，黄德华，王振林. "不清洁"审计意见、盈余管理与会计师事务所变更 [J]. 会计研究，2001 (6)：51-57.

[92] 李娟. 我国会计师事务所规模化实施过程中整合问题的研究 [D]. 北京：北京交通大学经济管理学院，2007.

[93] 李明辉，刘笑霞. 会计师事务所合并的动因与经济后果：一个文献综述 [J]. 审计研究，2010 (5)：61-67.

[94] 李明辉，张娟，刘笑霞. 会计师事务所合并与审计定价——基于2003—2009年十起合并案面板数据的研究 [J]. 会计研究，2012 (5)：86-94.

[95] 李明辉. 会计师事务所合并与审计质量——基于德勤华永和中瑞岳华两起合并案的研究 [J]. 中国经济问题，2011 (1)：98-107.

[96] 李石. 论会计师事务所的合并 [J]. 注册会计师通讯，1999 (4)：1-8.

[97] 李爽，吴溪. 不利审计意见的改善与自愿性审计师变

更［J］. 审计研究，2004（5）：13-19.

［98］廖学伟. 浅议事务所合并风险的防范［J］. 中国注册会计师，2008（10）：33-35.

［99］李爽，吴溪. 审计师变更研究：中国证券市场的初步证据［M］. 北京：中国财政经济出版社，2002：50-96.

［100］刘成立. 会计师事务所规模能否反映审计质量——基于会计师事务所合并动机的分析［J］. 财会通讯（学术版），2008（9）：7-9.

［101］刘成立. 审计师变更、审计师任期与审计收费关系研究——基于 2001—2003 年的实证分析［J］. 财贸研究，2005（4）：96-101.

［102］刘萍萍. 会计师事务所合并后整合问题研究［D］. 大连：东北财经大学会计学院，2011.

［103］刘启亮，刘波罗，何威风，等. 我国会计师事务所的扩展有效吗?［J］. 会计论坛，2011（2）：18-31.

［104］刘伟，刘星. 审计师变更、盈余操纵与审计师独立性——来自中国 A 股上市公司的经验证据［J］. 管理世界，2007（9）：129-133.

［105］吕先锫. 会计师事务所合并整合研究［M］. 成都：西南财经大学出版社，2012：19-25.

［106］罗悦. 会计师事务所合并、审计质量控制与上市公司审计需求——基于合并后客户流向的分析［D］. 杭州：浙江财经大学会计学院，2012.

［107］马克思·M. 哈贝. 并购整合［M］. 张一平，译. 北京：机械工业出版社，2003.

［108］沈爱荣. 从审计收费视角谈会计师事务所的社会责任［J］. 经济论坛，2010（3）：205-206.

［109］沈红波，王布衣. 中国证券市场审计师变更的影响因素［J］. 管理评论，2008（4）：53-57.

[110] 宋衍蘅，殷德全．会计师事务所变更、审计收费与审计质量——来自变更会计师事务所的上市公司的证据［J］．审计研究，2005（2）：72–77.

[111] 苏勇，杨戟勇．资产重组与文化整合［J］．经济管理，1998（7）：17–19.

[112] 孙春青．我国会计师事务所合并问题研究［D］．大连：东北财经大学会计学院，2011.

[113] 谭燕．资源控制权、控制权收益与会计师事务所合并［J］．会计研究，2006（6）：41–47.

[114] 唐学明．我国本土会计师事务所合并问题剖析［J］．理论界，2006（9）：241–242.

[115] 王春飞．扭亏、审计师变更与审计意见购买［J］．审计与经济研究，2006（5）：31–35.

[116] 王少飞，唐松，李增泉，等．盈余管理、事务所客户资源控制权的归属与审计质量——来自中国证券市场的经验证据［J］．审计研究，2010（1）：55–64.

[117] 王英姿，陈信元．我国会计师事务所变更的因素分析——一项基于安永大华合并前后客户构成变化的案例分析［J］．管理世界，2004（12）：121–156.

[118] 王咏梅，王鹏．“四大”与“非四大”审计质量市场认同度的差异性研究［J］．审计研究，2006（5）：49–56.

[119] 吴虹雁、汤燕娜．审计任期与盈余管理关系实证分析——基于沪市A股市场的经验证据［J］．南京农业大学学报，2007，7（4）：56–64.

[120] 吴江涛．会计师事务所合并进程的回顾与展望［J］．中国注册会计师，2002（10）：33–35.

[121] 吴清在，曾玉琦．会计师事务所合并对审计独立性之影响［J］．会计评论，2008（47）：29–60.

[122] 吴溪．会计师事务所合并与质量控制：基于中天勤合

并案例的经验分析［J］．会计研究，2006（10）：79-85.

［123］伍利娜，郑晓博，岳衡．审计赔偿责任与投资者利益保护———审计保险假说在新兴资本市场上的检验［J］．管理世界，2010（3）：32-43.

［124］杨和雄．A股上市公司审计意见购买研究［J］．审计与经济研究，2009（1）：40-45.

［125］余玉苗，詹俊．对我国会计师事务所合并浪潮的剖析［J］．财务与会计，2000（12）：33-35.

［126］曾亚敏，张俊生．会计师事务所合并对审计质量的影响［J］．审计研究，2010（5）：53-60.

［127］张立民，刘剑萍．中外会计师事务所内部治理制度比较与思考［J］．中国注册会计师，2007（2）：71-75.

［128］张奇峰．政府管制提高会计师事务所声誉吗？——来自中国证券市场的经验证据［J］．管理世界，2005（12）：14-23.

［129］张学谦，周雪．审计意见、盈余管理与审计师变更——来自中国证券市场的经验数据分析［J］．统计与决策，2007（22）：116-119.

［130］中国注册会计师协会．中国注册会计师协会关于推动会计师事务所做大做强的意见［EB/OL］．（2007-05-26）．http：//www. cicpa. org. cn/topnews/200804/t20080428_ 5224. htm.

［131］全国人民代表大会常务委员会．中华人民共和国公司法［EB/OL］．（2005-10-27）．http：//www. gov. cn/ziliao/flfg/2005-10/28/content_ 85478. htm.

［132］朱红军，夏立军，陈信元．转型经济中审计市场的需求特征研究［J］．审计研究，2004（5）：53-62.

索 引